Françoise Joriaux • Arne Krüger

Die Französische Küche

à la bonne femme

Françoise Joriaux · Arne Krüger

Die Französische Küche

à la bonne femme

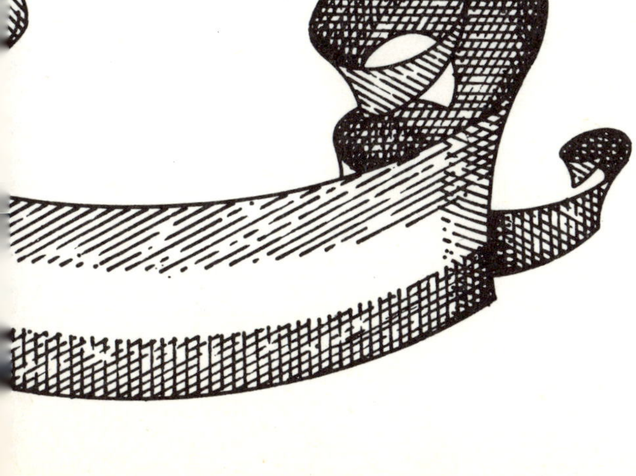

Gräfe und Unzer

Die Farbfotos gestalteten
Scribe/Süß, Frankfurt/Main (18, 56)
Teubner-Studio, Füssen (Einbandfoto, 17, 27, 28, 37, 38, 55, 73, 74, 83, 84, 109, 110, 119, 120, 129, 130).

Zeichnungen von Detlev Richter, München

Das Einbandfoto zeigt einen Gigot à la Ninon
Rezept Seite 71.

Redaktion: Erika Freund, München
Satz und Druck des Textes: Buch- und Offsetdruckerei Georg Wagner, Nördlingen
Offset-Reproduktionen: Brend'amour, Simhart & Co., München
Druck der Farbtafeln und des Einbandes: Pera-Druck Hans Haug KG, Gräfelfing
Bindung: Großbuchbinderei Monheim (Schwaben)

ISBN 3-7742-3004-8

Inhaltsverzeichnis

Inhaltsverzeichnis

Inhaltsverzeichnis

Inhaltsverzeichnis

Ein Wort zuvor

Die echte französische Familienküche mit ihren kulinarischen Schlemmereien und Köstlichkeiten zum ersten Mal in deutscher Sprache so umfassend wie möglich darzustellen, ist die Absicht dieses Buches

Schon als Madame Joriaux und ich das erste, vorbereitende, Gespräch führten – bei einem herrlichen französischen Mittagessen, das dem Kollegen aus dem kulinarischen Entwicklungsland zuliebe mit besonderer Sorgfalt zusammengestellt worden war –, wurde uns bewußt, mit welchem Problem wir uns würden herumschlagen müssen: der Qual der Wahl. Wir wollten ja einen gültigen Querschnitt durch den Speisezettel des kultivierten französischen Haushalts von der Normandie bis zur Provence geben. Zugleich aber mußten wir dabei die Möglichkeiten des deutschen Markts im Auge behalten. Was nützt ein noch so raffiniertes Rezept, wenn die Ingredienzen hierzulande nicht zu bekommen sind?

Das Ergebnis unserer Auswahl liegt nun vor Ihnen: Es sind Gerichte, wie sie in Frankreich alltags und an Feiertagen auf den Tisch kommen, einfachere und kompliziertere, preiswerte und etwas weniger preiswerte, aber nie unerschwingliche. Denn wenn man in Frankreich auch bereit ist, mehr fürs Essen auszugeben als in Deutschland, so ist das Portemonnaie doch nicht unerschöpflich. Die Arbeitsvorgänge, für eine deutsche Hausfrau gelegentlich vielleicht etwas ungewohnt, sind so ausführlich beschrieben, daß das Nachkochen keine Schwierigkeiten bereiten dürfte. Und wo das Wort allein nicht ausreicht, springen hilfreich Zeichnungen und Fotos ein.

Weil dieses Buch aber mehr werden sollte, als eine Sammlung von Rezepten, nämlich ein Führer durch die französische Küchenlandschaft, finden Sie außerdem noch: ein Kapitel mit Menüvorschlägen; ein kleines Lexikon der wichtigsten Küchenausdrücke; in »Kästen« verteilt über das ganze Buch immer wiederkehrende küchentechnische Begriffe und Grundrezepte; und jedes Rezept wurde mit einer kleinen Einführung versehen sowie mit Vorschlägen für Beilagen und Variationen.

Zuletzt noch ein Wort zur »nouvelle cuisine«. Vielleicht haben Sie schon einmal etwas über die »neue« französische Küche gehört oder gelesen und dabei festgestellt, daß sie so neu nun auch wieder nicht ist, jedenfalls für uns. Es handelt sich schlicht und einfach darum, nicht »schwer« zu essen, dafür kalorienärmer, Salaten und Gemüsen den Vorzug zu geben. Wir haben ganz bewußt darauf verzichtet, die »nouvelle cuisine« mit einzubeziehen, denn Sie sollen hier nicht auch mit den Slogans konfrontiert werden, die Zeitungen und Wochenblättchen in so reicher Fülle bieten. Daß man sich den Magen nicht überladen soll, wissen wir ja (ein rechter Gourmet ist ohnehin kein Vielfraß!). Und wenn wir uns schon auf den Gesundheitsstandpunkt stellen – auch da können sich unsere Rezepte durchaus sehen lassen.

Nun bleibt uns nur noch eines zu wünschen: Mesdames, Messieurs, bon appétit!

So kocht und ißt man in Frankreich

Sie genießt legendären Ruf, die Küche Frankreichs, das kann man ohne Übertreibung sagen. Wird von ihr gesprochen, so schlagen Kenner oder die sich dafür halten verzückt die Augen auf, und Hausfrauen seufzen verzagt: »So bring' ich's doch nie fertig!«

Was diesen Seufzer anlangt, so müssen schnellstens Mißverständnisse beseitigt werden. Es liegt hier nämlich zweifellos die Vorstellung zugrunde, französische Kochkunst sei in jedem Fall dasselbe wie die grande cuisine, die Küche der großen französischen Meisterköche (die sich aus der Küche der fürstlichen Höfe entwickelt hat). Es soll ihr Einfluß auch auf die Küche à la bonne femme gar nicht geleugnet werden – davon wird später noch zu sprechen sein –, aber die grande cuisine mit »der« Küche Frankreichs gleichzusetzen, ist nicht zulässig – allerdings verständlich: Sie überstrahlte mit ihrem Glanz die hervorragenden Regionalküchen, so daß sich für Nichtfranzosen der Akzent verschoben hat. Jener oben erwähnte Seufzer jedenfalls ist ganz überflüssig; jeder Kochbeflissene, ob Mann oder Frau, kann »echt französisch« kochen – sobald er sich einmal klar gemacht hat, worin das Wesentliche dieser Kochkunst besteht.

So kocht und ißt man in Frankreich

Die Merkmale der französischen Küche

Zunächst einmal: Sie ist nicht aufwendig, was die Zahl der verwendeten Rohstoffe anbelangt. Die französische Hausfrau kommt mit einer Handvoll Standard-Lebensmitteln als Vorrat aus: Mehl, Zukker, Öl, Essig. Mit den Gewürzen verhält es sich ähnlich – ganz im Gegensatz zu den landläufigen Vorstellungen außerhalb Frankreichs. Man verwendet ein gut halb Dutzend Küchenkräuter, dazu würzende Gemüse wie Möhre, Sellerie, Schalotte, Zwiebel, Knoblauch, Porree und Petersilienwurzel. Und natürlich Pfeffer und Salz. Was man ganz gewiß nicht braucht, ist ein riesiges, wohlgefülltes Gewürzbord. Hin und wieder etwas Curry, Paprikapulver, Koriander und Senf, damit ist das Sortiment eigentlich schon erschöpft. Wichtig ist noch die Pfeffermühle, gefüllt zu zwei Dritteln mit weißem und zu einem Drittel mit schwarzem Pfeffer. Und nicht zu vergessen der Wein, in einem Land der Reben wie Frankreich ganz natürlich.

Keine ausgefallenen, aufwendigen Rohstoffe, kein Raffinement beim Würzen – ja, worin besteht nun eigentlich das Geheimnis der französischen Kochkunst? Als erstes ist zu nennen die außerordentliche Frische und Qualität der in unendlicher Vielfalt angebotenen Lebensmittel. Gewiß, Frankreich ist ein Agrarland, war es immer, noch dazu eines mit besonders günstigen klimatischen Bedingungen. Aber Agrarländer gibt es viele, ohne daß dort Kochkunst von Weltgeltung entstanden wäre. Nur in Frankreich jedoch haben Bauern und Großgärtner, Groß- und Einzelhandel ein so hohes Qualitätsbewußtsein entwickelt, daß von allen Beteiligten in der Kette der Lieferanten jede Anstrengung unternommen wird, um die Rohstoffe erntefrisch auf den Küchentisch legen zu können. Kein Wunder übrigens – denn alle Lieferanten sind auch begeisterte und kenntnisreiche Esser, haben Verständnis für das Bedürfnis nach frischer Ware und wissen, daß Gemüse nach vierundzwanzig oder gar sechsunddreißig Stunden kein wirklich erstklassiges Gericht mehr ergeben kann.

Die Qualität der Rohstoffe allein tut's freilich noch nicht. Man hat in Frankreich eine andere Einstellung zum Essen als etwa in Deutschland (obwohl sich hier ein Wandel anzubahnen beginnt). Man spart weder mit Zeit, noch mit Mühe, noch mit Geld. Es wird nicht »mit der linken Hand« gekocht, weil man eben in Gottes Namen nun einmal essen muß. Essen, und alles was damit zusammenhängt, bereitet Vergnügen, ist eine schöne und wichtige Unterbrechung des Tagesablaufs. Man stillt nicht nur den Hunger – mit Riesenmengen von Kartoffeln oder Nudeln oder fettem Fleisch –, man verzehrt vielerlei, von keinem Gericht zuviel, insgesamt aber recht stattliche Mahlzeiten. Es ließen sich philosophische Abhandlungen schreiben über die Unterschiede zwischen deutschen und französischen Eßgewohnheiten – wobei zweifellos Geschichte und Mentalität eine bedeutende Rolle spielen würden. Bringen wir den Unterschied auf eine knappe Formel: Der begabte Esser schafft sich den begabten Koch und die hervorragende Küchenkost. Beide bedingen einander.

Qualität als Tradition

Der Sinn für Tradition, das Bewußtsein, daß Altüberkommenes Wertschätzung und Pflege verdient, ist eine Säule der französischen Kochkunst. Französische Kinder aus bürgerlichem Hause lernen von klein auf, was ein Gourmet wissen muß: welche Beilagen zu welchem Gericht passen; daß man auf eine Sauce viel Sorgfalt verwendet, daß man sie deshalb bis auf den letzten Tropfen genießt und die allerletzten Spuren auf dem Teller mit Weißbrot aufwischen darf; in welcher Reihenfolge die Speisen gegessen werden und welche Weine man dazu in welcher Reihenfolge serviert. All dies geht dem Franzosen von Kindesbeinen an in Fleisch und Blut über. Er braucht also später nie nachzudenken, ob er etwas richtig macht, denn er kann sich ja an unverrückbare Grundsätze halten.

Wäre man boshaft, so könnte man diese Grundsätze auch als Unfähigkeit auslegen, sich dem Neuen, Andersgearteten zu öffnen. Nun stimmt es wirklich, daß man in Frankreich den Einflüssen anderer Küchen gegenüber wenig aufgeschlossen ist. Hin und wieder werden wohl Gerichte aus den ehemaligen Kolonien oder den Übersee-Départements übernommen. Sie bleiben aber immer »fremde Küche«, werden nicht wirklich Allgemeingut. Gegen den Vorwurf allzu großer Grundsatztreue läßt sich jedoch einwenden, daß die Franzosen eigentlich gar keinen Anlaß haben, um jeden Preis Neues zu übernehmen. Sie wissen, daß ihre Küche einen hohen Grad von Vollkommenheit erreicht hat – wozu also sich viel um das Essen anderer Nationen kümmern?

Küchentradition könnte nicht weitergegeben werden ohne eine entsprechende Erziehung der Frauen. Das heranwachsende Mädchen lernt das Kochen bei der Mutter. Kommt deren Familie aus einer bestimmten Landschaft, wird sie die Merkmale dieser regionalen Küche weiterpflegen. Gut, wenn der spätere Ehemann aus derselben Landschaft stammt. Wo aber nicht, wird er sich rasch zur Heimatküche der Frau bekehren, und Madame wird sich revanchieren, indem sie von Zeit zu Zeit ein Gericht aus seiner Heimatregion auf den Tisch bringt.

Die großen Meister

Daß die Küche Frankreichs weltberühmt wurde, verdankt sie den großen Küchenmeistern – und nicht zu vergessen den »lateinischen« Nachbarn in Italien. Mehrmals in der Geschichte hat sich der Einfluß Italiens verfeinernd ausgewirkt. Hier seien nur zwei Ereignisse erwähnt: als die römischen Legionäre – damals war Frankreich noch Gallien –, nicht nur den Weinbau einführten, sondern auch eine Anzahl weiterer Agrarprodukte mitbrachten (viele Obstsorten zum Beispiel), und als Heinrich II. sich mit Katharina aus dem Hause der Medici vermählte, zu deren Gefolge natürlich auch Köche, Pâtissiers und Confiseurs gehörten.

Die Fürsten waren nicht nur bereit, viel Geld für die Kochkunst auszugeben und alles herbeizuschaffen, was Wald und Feld, See und Meer nur immer herzugeben vermochten, sie kauften sich die renommiertesten Kochkünstler gegenseitig auch ab. Die wanderten somit von Hof zu Hof, vervollkommneten sich dabei von Mal zu Mal – man könnte auch sagen von Mahl zu Mahl – und überboten sich in immer tollkühneren Kunstwerken.

Den ersten Schritt zur Besinnung tat der größte Koch des 18. Jahrhunderts, Antoine Carême, der in seinen Büchern wohl höchste Qualität forderte, aus Küchenkitsch – Bauwerken aus Zucker oder dickgekochtem Brei zum Beispiel – aber wieder Kochkunst machte.

An der Schwelle des 20. Jahrhunderts wurde die grande cuisine nochmals energisch reformiert – vom berühmtesten Koch seiner Zeit, Auguste Escoffier (er ist unter anderem der Schöpfer des weltbekannten »Pfirsich Melba«). Er führte seine Kollegen in aller Welt zum Wesentlichen der guten Küche zurück.

Escoffier war es auch, der erstmals einfaches, brauchbares Geschirr verwendete, so wie es heute noch üblich ist.

Obgleich die Kochkunst à la bonne femme bürgerlich ist, wurde sie doch von den Bravourstücken der professionellen Köche befruchtet. Wie man bei Hofe speiste, so wollte man auch zu Hause essen! Viele Gerichte, auch in unserer Rezeptsammlung, gehörten ursprünglich zum Repertoire der königlichen Köche. Sie wurden »verbürgerlicht« und etwas vereinfacht, entfalten aber dennoch den ganzen Charme der großen Vorbilder. Wichtig ist, daß Generationen von tüchtigen Hausfrauen diese Gerichte immer wieder zubereitet haben, so daß sie vielhundertfach erprobt sind.

Küchentechnik – ganz einfach

Die Küche der französischen Hausfrau ist technisch einfach, aber praktisch eingerichtet. Gute Köchinnen brauchen keine chromblitzenden Stromliniengeräte. Die Französin legt vor allem Wert auf einen Elektroherd mit einer Backröhre, bei der sich Ober- und Unterhitze genau einstellen lassen.

Zum Pürieren von Gemüse, Suppen und Saucen wird eine Mühle verwendet, die, nach Art eines Fleischwolfs, oft noch von Hand betrieben wird. In vielen Haushalten benutzt man jedoch bereits ein elektrisches Mixgerät. Sonst gibt es das übliche: Rührlöffel, Schneebesen, Schöpflöffel, dazu, der Größe nach abgestimmt, ein Sortiment von Casserolles, dem Lieblingskochtopf der französischen

Hausfrau, ein paar feuerfeste Tontöpfe oder -formen, eine oder zwei schwere gußeiserne Pfannen und die verschiedensten Kuchenformen.

Mit diesen Geräten ist es aber auch schon getan. Sie genügen jedoch vollauf, um alle Möglichkeiten kulinarischer Komposition zu verwirklichen.

Die Weine zum Essen

Es ist in Frankreich kaum üblich – im Gegensatz zu Deutschland –, Wein außerhalb der Mahlzeiten zu trinken. Man nimmt wohl einmal ein Glas Wein im Stehen an der Theke eines Lokals oder bei einer Weinprobe. Aber das sind die Ausnahmen.

Zu einem guten Essen gehört jedoch unbedingt der Wein. Wichtig ist dabei die feinschmeckerische Abstimmung zwischen Speisen und Getränken. Es kann durchaus vorkommen, daß eine Hausfrau das Essen nach dem vorhandenen Wein auswählt und nicht, wie sonst üblich, den Wein nach der Speisenfolge. Hauptsache, die Feinabstimmung ist ohne Tadel.

Bei Menüvorbereitungen können lange Diskussionen darüber stattfinden, ob zu einem bestimmten Fasanengericht lieber ein 69er Château Ausone oder ein 61er Château St-Georges geöffnet werden soll. Zu Fasan einen »roten Bordeaux« zu wählen, genügt also keineswegs. Es geht tatsächlich um bestimmte Weingüter und dort wieder um die Jahrgänge. Das setzt natürlich voraus, daß man sich in dieser Materie gut auskennt.

Es wäre für unsere Leser sicher kein Gewinn gewesen, wenn wir dieses Raffinement in der Getränkeauswahl auf die Menüvorschläge dieses Buches übertragen hätten. Die meisten Weine wären ohnehin nur in einem hochspezialisierten Geschäft zu haben. Bescheidung ist hier vernünftiger.

Wir raten Ihnen, sich nach Ihrem eigenen Geschmack zu richten. Wenn Ihnen ein Franken-Silvaner lieber ist als ein Elsässer Riesling, so wird Sie deswegen keiner Ihrer Gäste für einen Banausen – oder einen Snob – halten. Die Regeln für passende Getränke zu französischen Speisenfolgen, die wir hier aufstellen wollen, sind ganz allgemeiner Natur.

Zu kalten Vorspeisen: Weißweine von der Loire, aus Burgund, dem Elsaß, Roséweine aus der Provence.

Handelt es sich um leichte Gerichte, so wählen Sie trockene Weine. Zu fettreichen Vorspeisen – Pasteten oder Terrinen – passen Weißweine aus gehaltvollen, duftintensiven Rebsorten wie Traminer (Gewürztraminer), Ruländer (Pinot Gris), Muscadet. Das alles sind schwere, aber ebenfalls trockene Weine. Man serviert sie auch zu warmen Vorspeisen.

Zu allen Fischgerichten gibt es stets trockene, bukettreiche Weißweine: Sancerre, Macon, Muscadet, Pouilly-Fuissé, Pouilly-Fumé oder stille, also nicht schäumende Champagner und Rosés aus der Provence. Gegrillte Fische verlangen oft nach Roséweinen.

Das schwierigste Kapitel sind die Hauptgerichte. Die allgemein gültigen Regeln können hier unter Umständen auch einmal durchbrochen werden (gerade die geglückten Ausnahmen verraten den Gourmet).

Diese Regeln besagen etwa folgendes:

- gehaltvolle Weißweine zu Kalb-, Lamm- und Hühnerfleischgerichten.
- Rotwein zu Rindfleisch-, Hammelfleisch-, Wild-, Gänse-, Enten- und Wildgeflügelgerichten. Je fetter das Gericht, desto schwerer darf der Wein sein. Rotwein paßt aber auch zu Kalb, Lamm und Huhn, wenn sie gegrillt oder trocken gebraten wurden –, wie zum Beispiel zu gegrillten Kalbslendchen, zu Kalbsleber, Lammsattelstück, Lammrippenstück, Huhn aus dem Ofen oder vom Grill.

Zu Gerichten mit heller Sahnesauce muß jedoch in jedem Fall Weißwein getrunken werden.

Wurde für ein Gericht Wein verwendet, so sollte man denselben Wein auch dazu trinken. Man kann aber auch einen höherwertigen Wein derselben Landschaft dazu servieren.

Sie sehen, sich ein paar Grundregeln einzuprägen, ist wirklich nicht schwierig. Und nun stürzen Sie sich ins wunderbare Abenteuer der französischen Kochkunst!

Hors-d'œuvres
Vorspeisen

Ein Essen beginnt in Frankreich grundsätzlich mit einer Vorspeise, mag sie auch nur aus einer Ölsardine, einer Scheibe marinierter Tomate, einer Scheibe Salami und zwei Oliven bestehen. An Festtagen oder wenn Besuch kommt serviert man dagegen das »Hors-d'œuvre riche«: Pasteten, Hummer, Kaviar, geräucherten Lachs, feine Salate.

Auf den Familientisch bringt Madame Joriaux möglichst einfache Vorgerichte, die hübsch angerichtet werden, aber nicht zu viel Zeit beanspruchen dürfen. Bei einem festlichen Essen setzt sie allerdings ihren ganzen Hausfrauen-Ehrgeiz ein, um ihre Gäste mit raffinierten und phantasievollen Speisen zu überraschen. Nun ist es aber im Haushalt unmöglich, mehrere komplizierte Vorspeisen am gleichen Tag selbst herzustellen. Unsere Rezeptauswahl enthält deshalb einige Vorspeisen, die schon vorbereitet werden können. Länger als 2 bis 4 Tage sind sie aber auch im Kühlschrank nicht haltbar. Auf keinen Fall dürfen diese Gerichte ins Tiefkühlfach oder in die Gefriertruhe kommen! Pasteten, Gelees und Salate zum Beispiel sind nach dem Einfrieren ungenießbar. Die Vorratshaltung hat also ihre Grenzen. Am besten stellt man ein Hors-d'œuvre aus einfachen, schnell zubereiteten und aus komplizierten Gerichten zusammen. Auch ein frischer grüner Salat wird in Frankreich gern als Vorgericht serviert. Deshalb finden Sie auch eine Anzahl Salatrezepte in diesem Kapitel.

Zu französischen Vorspeisen gibt es immer Weißbrot, frisch oder als Toast. Beliebt ist auch der Toast Melba – hauchdünn geschnittene Weißbrotscheiben, die auf dem Backblech im sehr heißen Ofen knusprig getoastet werden. Saucen, zum Beispiel Mayonnaise, Remoulade oder Cumberland, auch Cornichons, Silberzwiebelchen und ähnliches werden gleich mit auf den angerichteten Vorspeisenteller gelegt – sofern es sich um kalte Vorspeisen handelt.

Auch bei einem großen, festlichen Essen gibt es natürlich nur entweder kalte oder warme Vorspeisen. Ist ein warmes Hors-d'œuvre besonders üppig, so kann man auf einen Gang des Menüs verzichten.

Salade aux fines herbes

Kräutersalat

Bei diesem einfachen Rezept sollen die Kräuter nicht nur würzende Zutat sein, sondern gleichwertig neben dem Blattsalat bestehen. Besonders für den Frühling zu empfehlen!

Zutaten für 4 Personen:
2 Köpfe Kopfsalat · 1/2 Teel. Salz · 1/2 Teel. Pfeffer · 1 Eßl. Weinessig · 3 Eßl. Olivenöl · je 2 Eßl. Schnittlauch, Kerbel und Estragon

- Den Salat putzen, gründlich waschen, abtropfen lassen und in einem Küchentuch trockenschleudern.
- Aus dem Salz, dem Pfeffer, dem Essig und dem Olivenöl in der Servierschüssel eine Salatsauce rühren.
- Die Kräuter waschen und abtropfen lassen. Den Schnittlauch fein schneiden, Kerbel- und Estragonblättchen zerzupfen. Die Salatblätter mit den Kräutern bestreuen und unmittelbar vor dem Servieren alles mit der Salatsauce vermengen.

Salade mimosa

Salat »Mimosa«

Eigentlich ist dieser Salat nur ein optischer Scherz. Salat »Mimosa« wird in Frankreich sehr häufig serviert.

Zutaten für 4 Personen:
2 Köpfe Kopfsalat · 1 1/2 Eßl. Obstessig · 3 Eßl. Öl 1/2 Teel. Salz · 1/2 Teel. Pfeffer · 2 hartgekochte Eier

- Den Salat putzen, gründlich waschen, abtropfen lassen und in einem Küchentuch trockenschleudern.
- Aus dem Essig, dem Öl, dem Salz und dem Pfeffer in der Salatschüssel, in der serviert wird, eine Sauce rühren. Die Eier halbieren, das Eigelb herausheben, das Eiweiß in schmale Streifen schneiden und unter die Salatsauce mischen. Das Salatbesteck über der Sauce kreuzen und die Salatblätter locker darüberschichten. Sie werden erst unmittelbar vor dem Servieren mit der Sauce vermengt.
- Die Eigelbe durch ein Sieb mit großen Löchern auf den Salat drücken. Er soll wie mit Mimosenblüten übersät aussehen.

Salade de laitue à l'orange

Kopfsalat mit Orangen

Frische Früchte werden in der französischen Küche viel verwendet, manchmal in Zusammenstellungen, die für uns unerwartet und ungewohnt sind.

Zutaten für 4 Personen:
2 Köpfe Kopfsalat · 1/4 l frische Sahne · 1 Zitrone · 1/2 Teel. Salz · 1/2 Teel. Pfeffer · 1 Estragonzweig · 2 Orangen (am besten kernlose)

- Den Salat putzen, gründlich waschen, abtropfen lassen und in einem Küchentuch trockenschleudern. Aus der Sahne, dem Saft der Zitrone, dem Salz und dem Pfeffer eine Salatsauce rühren. Den Estragon waschen und die Blättchen mit der Küchenschere in die Sauce schneiden.
- Die Orangen sorgfältig schälen, in Spalten zerteilen und enthäuten, dabei evtl. Kerne entfernen. Die Orangenspalten in Stückchen schneiden und vorsichtig mit den Salatblättern mischen.
- Die Sauce erst beim Servieren untermengen.

Salade pissenlits au lard

Löwenzahnsalat mit Speck

Der Löwenzahn wächst wild am Straßenrand und auf den meisten Wiesen (manchmal auch zum Kummer von Gartenbesitzern auf schön gepflegtem Parkrasen). Die gelbblütige Pflanze gilt als Unkraut, man verwendet sie aber auch als Salat. Dazu zieht man die Pflanze im Garten. Im Frühjahr deckt man die ersten Triebe mit einem umgedrehten Blumentopf zu oder schaufelt Torfmull darüber. So bleiben die Blätter weiß und werden zart und knackig.

Zutaten für 4 Personen:
250 g gebleichte Löwenzahnblätter • 1 Teel. schwarzer Pfeffer • 125 g geräucherter Bauchspeck 3 Eßl. Öl • 2 Eßl. Weinessig

• Den Löwenzahn putzen, kalt waschen, abtropfen lassen und in einem Küchentuch trockenschleudern. Die Blätter in breite Streifen schneiden und in eine warmgehaltene Salatschüssel geben. Den Pfeffer darüberstreuen und untermischen.
• Den Speck sehr klein würfeln. Das Öl in einer Pfanne erhitzen und die Speckwürfel darin bei kleiner Hitze 5 Minuten auslassen. Sind sie glasig, die Hitze höherstellen und die Würfelchen 1 Minute lang bräunen.
• Die Pfanne von der Kochstelle nehmen, den Essig zugießen und alles einmal aufkochen lassen.
• Die Specksauce über den Löwenzahn gießen; durchheben und sofort servieren.

Salade de salsifis et artichauts

Schwarzwurzel-Artischocken-Salat

Dies ist ein warmer Salat, der als Beilage zu Pfannengerichten und zu heißer Wurst gereicht wird. Schwarzwurzeln sind ein in Frankreich sehr beliebtes Gemüse, und Artischocken gehören zum Warensortiment jedes Gemüseladens.

Zutaten für 4 Personen:
600 g Schwarzwurzeln • 3 gehäufte Teel. Salz • 12 Artischockenböden • 8 Eier • 20 g Butter • 8 mittelgroße Kartoffeln • 6 Eßl. Olivenöl • 2 Eßl. Weinessig • 1 Teel. Salz, 1 Teel. Pfeffer

• Die Schwarzwurzeln bürsten, abschaben und kalt waschen. 1 l Wasser mit dem Salz zum Kochen bringen und die Schwarzwurzeln etwa 1 Stunde darin kochen.
• Die Artischockenböden kochend heiß überbrühen, herausnehmen und abtrocknen.
• Die Eier in Eiweiß und Eigelb trennen. Eine Kastenform mit der Butter ausstreichen. Die Eiweiße hineingießen und im Wasserbad in 20 Minuten fest werden lassen. Die Eigelbe verquirlen und in eine Suppentasse geben.
• Die Kartoffeln waschen und 40 Minuten kochen, etwas abkühlen lassen und abziehen.
• Artischockenböden und Kartoffeln in dünne Scheiben schneiden. Das gestockte Eiweiß auf einen Teller stürzen und in dicke Scheiben schneiden. Die heißen Schwarzwurzeln in 3 cm lange Stücke schneiden. Alles in einer Schüssel vermengen. Aus dem Öl, dem Essig, dem Salz und dem Pfeffer eine Salatsauce rühren und unter die Salatzutaten heben.
• Die Eigelbe in der Suppentasse 10 Minuten in kochendes Wasser stellen, so daß sie fest werden.
• Den Salat auf einer Platte turmartig aufhäufen und mit dem gehackten Eigelb bestreuen. Warm servieren.

Salade pommes de terre aux moules

Kartoffelsalat mit Muscheln

Diesen Salat haben wir an der französischen Atlantikküste entdeckt. Am besten schmeckt er mit frisch gekochten Muscheln.

Zutaten für 4 Personen:
1 kg kleine Kartoffeln • 2 kg Miesmuscheln • $^1/_2$ Tasse Olivenöl • 1 Zitrone • 1 Teel. Salz • $^3/_4$ Teel. Pfeffer • 2 Gläser Weißwein • 1 Bund Kerbel

• Auf den Boden einer Kasserolle einen Rost setzen. Die Kartoffeln waschen und darauf legen, so viel Wasser zugießen, daß es eben bis zum Rost reicht. Die Kartoffeln zugedeckt 30 Minuten kochen.

A L'OLIVIER
Rue de Rivoli
d'Or et d'Argent
POPELIN
Huile

Tarte aux tomates et aux olives.
Rezept Seite 25.

• Die Muscheln abbürsten, kalt waschen und in einem großen Topf mit wenig Wasser zum Kochen bringen. Die Muschelschalen müssen sich bei starker Hitze schnell öffnen. Haben sich die Muscheln geöffnet, den Topf von der Kochstelle nehmen, das Muschelfleisch aus den Schalen holen und in eine Schüssel legen.
• In einer anderen Schüssel aus dem Öl, dem Saft der Zitrone, dem Salz und dem Pfeffer eine Sauce vinaigrette rühren. Den Wein zugeben.
• Die garen Kartoffeln schälen, der Länge nach halbieren und in Scheibchen schneiden. Noch warm mit der Wein-Vinaigrette mischen. Die Muscheln vorsichtig unterheben. Den Salat abkühlen lassen.
• Den Kerbel waschen, fein hacken und unter den Salat mischen. Den Salat in die Servierschüssel umfüllen und zugedeckt in den Kühlschrank stellen. 30 Minuten vor dem Servieren herausnehmen und Zimmertemperatur annehmen lassen.

Salade à la basquaise
Baskischer Salat

Zu Gerichten nach baskischer Art gehört stets luftgetrockneter Schinken. Wir ersetzen ihn am besten durch Schwarzwälder oder bayerisches Rauchfleisch. Es darf allerdings nicht zu fett sein. Notfalls muß der Fettrand eben weggeschnitten werden.

Zutaten für 4 Personen:
1 Kopfsalat • 3 Tomaten • 1 rote Paprikaschote • 150 g Schinken im Stück • 1 kleine Tasse Weinessig $^1/_2$ Teel. Salz • $^1/_2$ Teel. weißer Pfeffer • 1 Tasse Öl 1 Bund Petersilie

• Den Kopfsalat putzen, waschen, abtropfen lassen und in einem Küchentuch trockenschütteln. Einige schöne Blätter zum Auslegen der Salatschüssel aufheben. Die übrigen in breite Streifen schneiden.
• Die Tomaten vierteln. Die Paprikaschote von allen Seiten leicht grillen, die Haut abziehen und die Schote in feine Streifen schneiden. Den Schinken klein würfeln.
• Aus dem Essig, dem Salz, dem Pfeffer, dem Öl und der fein gehackten Petersilie eine Salatsauce rühren. Alle Salatzutaten miteinander vermengen, die Sauce darübergießen und unterheben.
• Den Salat in einer mit den Salatblättern ausgelegten Schüssel anrichten.

Salade de champignons Chantilly
Champignonsalat mit Sahne

Champignons kann man auf mancherlei Art zu Salat verarbeiten. So gibt es zum Beispiel einen Salat aus pochierten Champignonköpfen in einer Knoblauchsauce, außerdem eine Variante aus rohen Champignons. Madame Joriaux und ich ziehen diesen, im Geschmack etwas zarteren, Champignonsalat vor.

Zutaten für 4 Personen:
500 g sehr kleine frische Champignons • 2 Eßl. Salz $^1/_4$ l frische Sahne • 2 Zitronen • $^1/_2$ Teel. Salz • $^1/_2$ Teel. Pfeffer • 2 Eßl. gehackte Petersilie • 150 g Schnittkäse • Zitronenscheiben für die Garnitur

• Die Champignons putzen und in kaltem Wasser kurz abspülen. 1 l Wasser mit dem Salz zum Kochen bringen und die Champignons darin 3 Minuten kochen lassen. Dann abgießen und abtropfen lassen. Die erkalteten Champignons in dünne Scheiben schneiden oder vierteln.
• Aus der Hälfte der Sahne, dem Saft der Zitronen, dem Salz und dem Pfeffer eine Sauce rühren. Die restliche Sahne steif schlagen und unterziehen.
• Die Champignons auf einer flachen Platte anrichten, mit der Petersilie bestreuen und mit dem in Stäbchen geschnittenen Käse und den Zitronenscheiben garnieren.

Les avocats à la reine

Avocados Königin-Art

Exotische Früchte sind in der französischen Küche keine Seltenheit. Sie kommen aus den Kolonien und sind daher preiswert.

Zutaten für 2 Personen:
40 g halbweich gekochte Sellerieknolle • 40 g gekochter Schinken • 40 g gekochte Poularde • 1 Teel. Salz • ½ Teel. weißer Pfeffer • 4 Teel. Zitronensaft • 6 Eßl. Sahne • 2 Avocados • 2 Eßl. Mayonnaise • 2 Teel. Paprikapulver

- Den Sellerie, den Schinken und das Poulardenfleisch in feine Streifen schneiden, mit dem Salz und dem Pfeffer würzen und den Zitronensaft sowie 2 Eßl. Sahne untermischen. Eine Avocado schälen und würfeln und vorsichtig unterheben.
- Die zweite Avocado halbieren und den Kern herauslösen. Die beiden Avocadohälften mit der Sellerie-Fleisch-Mischung füllen. Die Mayonnaise mit der restlichen Sahne verrühren und die Füllung damit überziehen. Mit dem Paprikapulver bestäuben.

Poêlieren

Dieses Wort aus der Küchenfachsprache läßt sich schwer ins Deutsche übersetzen. Der Arbeitsvorgang ist folgender: Man verwendet eine Stielkasserolle mit halbhohem Rand und breitem Boden – eine *poêle.* Darin wird reichlich Butter – etwa 50 g – zerlassen. Da hinein gibt man feinstgewürfelte Schalotten oder ersatzweise Zwiebeln. Und darauf kommt der eigentliche Rohstoff (von ihm wird gleich zu sprechen sein).

Das Poêlieren geschieht bei sehr milder Hitze (auf dem Elektroherd Stufe 1½ bis 2). Auf diese Weise erfolgt das Garen fast unmerklich und dauert natürlich etwas länger als beim Braten in der Pfanne mit höherer Hitzestufe.

Während beim Pfannenbraten die Fleischporen, zum Beispiel eines Steaks, sich durch das sofort gerinnende Eiweiß schnell schließen sollen, damit kein Saft austritt, ist es beim Poêlieren gerade umgekehrt: Der Saft soll austreten und sich mit der Butter und den musig zerkochenden Zwiebeln zu einer Sauce verbinden (die später noch verfeinert werden kann).

Besonders geeignet fürs Poêlieren ist Kalbsbries. Aber auch Hirn, Scheiben von Lammfilet und frische Champignons zeigen sich bei dieser Methode von ihrer besten Seite.

Gewürzt wird mit Salz und weißem Pfeffer. Das Endprodukt ist goldbraun gedünstet. Daher übersetzen manche Kochbuchautoren poêlieren auch mit »Hellbraundünsten«. Das ist natürlich nur ein recht behelfsmäßiger Ausdruck, eine Sprachkrücke.

Wichtig ist, daß man beim Poêlieren am Topf stehen bleibt und öfter mal umwendet. Sonst wird das Kochgut nicht gleichmäßig gar, ist unten zu dunkel und oben zu hell.

Champignons de Paris à la grecque

Champignons auf griechische Art

Dieses Gericht kann auch kalt serviert werden. In manchen französischen Haushalten bereitet man Champignons à la grecque in größeren Mengen auf Vorrat zu. Man reicht sie, zusammen mit anderen kalten Vorspeisen, in irdenen Töpfen oder in Glasschalen.

Zutaten für 4 Personen:
12 kleine Perlzwiebeln · 1 Glas trockener Weißwein (z. B. Elsässer) · 4 Eßl. Olivenöl · 2 Tassen Wasser · 1 Lorbeerblatt · 1 Mokkalöffel Pfefferkörner · 1 Teel. Salz · Saft einer Zitrone · 250 g frische Champignons

• Die Perlzwiebeln mit dem Weißwein, dem Öl, dem Wasser, dem Lorbeerblatt, den Pfefferkörnern, dem Salz und dem Zitronensaft zum Kochen bringen.
• Die Champignons putzen, aber ganz lassen, in den kochenden Sud geben und darin 25 Minuten ziehen lassen. Warm, mit etwas durchgesiebtem Sud übergossen, zu Toast Melba servieren.

Pruneaux farcis

Gefüllte Backpflaumen

Ein kleines Vorgericht, das man in französischen Haushalten zusammen mit anderen Dingen auf dem Hors-d'œuvre-Teller findet oder mit einem Holzspießchen versehen bei Empfängen zum Apéritif angeboten bekommt. Man füllt in Frankreich Backpflaumen auf verschiedene Art, zum Beispiel auch mit fertig käuflicher Gänselebercreme.

Zutaten für 4 Personen:
16 große, weiche Backpflaumen · 125 g Schweinehackfleisch · 4 Eßl. Kalbsleberwurst

• In eine Schüssel mit heißem Wasser einen Rost stellen, die Pflaumen darauflegen und mit einer umgedrehten Schüssel zudecken. Nach einigen Minuten sind sie gequollen und trotzdem fest. Die Pflaumen an einer Seite aufschneiden und den Kern herausziehen.
• Das Hackfleisch mit der Kalbsleberwurst in einer Schüssel mit einem Holzlöffel gründlich vermengen. Die Masse in einer Pfanne rösten, etwas abkühlen lassen und die Pflaumen damit füllen. Sie werden kalt serviert.

Œufs durs aux anchois

Eier mit Sardellencreme

Schon in der altrömischen Küche waren die eingesalzenen Sardellen ein beliebtes Gewürz; sie ersetzten bisweilen das Salz. Auch heute werden sie in vielen Landesküchen verwendet, vor allem in Küstengebieten. Die französische Küche schätzt Sardellenmus ebenfalls als Würze, zum Beispiel in der beliebten Remoulade und an der Sauce für das Toulouser Ragout, der weltbekannten Füllung für Blätterteigpasteten.

Zutaten für 4 Personen:
8 Eier · etwas Olivenöl · 1 Tube Sardellenpaste oder 6–8 gesalzene Sardellen, einige Salatblätter · 2 Tomaten · je 4 schwarze und grüne Oliven.
Zusätzlich für die Variante:
4 Eßl. Olivenöl · 1 Teel. Pfeffer · evtl. etwas Salz

• Die Eier 10 Minuten kochen, kalt abschrecken, schälen und der Länge nach halbieren. Die Eigelbe mit der Messerspitze vorsichtig herausheben, ein paar Tropfen Olivenöl auf das Eiweiß geben und das Eigelb wieder einsetzen. Die Sardellenpaste spiralenförmig auf die Eihälften drücken. (Sardellenfilets kreuzweise oder als Kringel darauflegen.)
• Die Salatblätter waschen, abtropfen lassen und trocknen und eine Platte damit belegen. (Man kann den Salat auch mit einer Sauce vinaigrette beträufeln.) Die Tomaten in Scheiben schneiden.

• Die Eihälften auf dem Salat arrangieren und mit Tomatenscheiben und Oliven garnieren. Man kann das Öl unter den Eigelben auch weglassen, doch schmecken die Eier dann nicht so gut.

• Eine Variante dieses Rezepts wird so bereitet: Die Eigelbe mit der Gabel zerdrücken, die Sardellenpaste, das Olivenöl und den Pfeffer zugeben und alles gut miteinander vermengen. Abschmecken und eventuell mit Salz nachwürzen. Diese ziemlich feste Paste wird in die Eihälften gefüllt. Wichtig: Bei diesem Rezept müssen die Eier am Vorabend oder mehrere Stunden vor dem Servieren fertiggestellt werden. Die Zutaten brauchen eine gewisse Zeit, um sich geschmacklich miteinander zu verbinden. Die gefüllten Eier sollen kühl, aber nicht kalt gestellt werden (also nicht in den Kühlschrank!).

Œufs durs farcis aux crevettes

Eier mit Krebsmusfüllung

Wichtig ist die geschmackliche Abstimmung der Krebsmasse. Wir haben für dieses Rezept eine Mischung aus tiefgekühlten Krevetten und Krebsbutter gewählt. Die Krebsbutter schmeckt besonders intensiv nach Krebs. Man kann statt dessen aber auch Krebssuppenextrakt verwenden.

Zutaten für 4 Personen:
4 große Eier · 100 g tiefgekühlte Krevetten · 2 Eßl. Krebsbutter · 1 rohes Eigelb · 2 Eßl. Olivenöl · 2 Eßl. Essig · 1 Teel. Salz · 1 Teel. frischgemahlener weißer Pfeffer · 1 Teel. Dijon-Senf · 6 mittelgroße schnittfeste Tomaten · 3 Estragonzweige

• Die Eier 10 Minuten kochen, kalt abschrecken, schälen, der Länge nach halbieren und ganz erkalten lassen.

Vinaigrette

Die Vinaigrette ist eine Salatsauce, die aus Essig (vinaigre), Öl, Salz, Pfeffer, Senf und Zwiebelmus (geriebene Zwiebel) besteht. Deshalb übersetzt man die Sauce vinaigrette auch einfach als Essig-Öl-Sauce. Wichtig fürs Gelingen ist der aromatische Essig, der aus gutem Wein hergestellt sein muß. Das beste Öl wäre ein aus reifen Oliven mit nur ganz schwachem Druck gepreßtes Öl, sogenanntes Jungfernöl. Es ist allerdings ziemlich teuer. Man nimmt deshalb in Frankreich für den täglichen Gebrauch auch das neutral schmekkende Erdnußöl.

Eine Vinaigrette soll leicht sämig sein und soviel Öl enthalten, daß die festen Bestandteile des Salats damit vollständig eingehüllt werden. Man rechnet auf 2 Eßlöffel Essig etwa 6 Eßlöffel Öl.

Man verwendet die Sauce vinaigrette nicht nur zu Salaten, sondern reicht sie auch zu Sülzen, gekochtem Kalbskopf, frisch gekochten Artischocken und zu Stangenspargel. Dabei wird die Vinaigrette immer gesondert serviert. Sie darf kühl, aber ja nicht zu kalt sein, weil sonst das Öl den Geschmack verliert.

• Die Krevetten auftauen lassen, zerschneiden und zusammen mit der Krebsbutter glattstoßen.
• Aus dem Eigelb, 1 Eßl. Öl, 1 Eßl. Essig, je ½ Teel. Salz, Pfeffer und Senf eine feste Mayonnaise rühren.
• Aus den Eihälften den Dotter herausheben, mit der Gabel zerdrücken und mit 1 gehäuften Eßl. Mayonnaise und dem Krebsmus verrühren. Mit dieser Mischung die Eihälften füllen. Die Füllung mit je 1 Teel. Mayonnaise überziehen.
• Die Tomaten in Scheiben schneiden. Aus dem restlichen Öl, Essig, Salz, Pfeffer und Senf eine Vinaigrette rühren. Den Estragon waschen, die Blätter klein hacken und in die Vinaigrette geben. Die Tomatenscheiben einzeln hineintauchen, abtropfen lassen und in der Mitte eines großen, tiefen Tellers oder einer entsprechenden Platte anrichten. Die gefüllten Eier um die Tomaten arrangieren.

Mayonnaise de volaille

Zarter Geflügelsalat

In Frankreich wird der Geflügelsalat ohne Beimischungen wie Champignons oder Früchte bereitet. Wichtig ist die selbstgerührte Mayonnaise.

Zutaten für 4 Personen:
4 große Salatblätter • 1 kleine Sellerieknolle • 500 g Hühnerfleisch ohne Knochen.
Für die Mayonnaise:
2 Eigelb • 1 Teel. Senf • 4 Eßl. Öl • 1 Eßl. Essig • 1 Teel. Salz • 1 Teel. weißer Pfeffer

• Die Salatblätter waschen, abtropfen lassen und abrocknen. Eine Platte damit belegen.
• Aus den Eigelben, dem Senf, dem Öl, dem Essig, Salz und Pfeffer eine Mayonnaise rühren.
• Den Sellerie dick schälen, waschen und in Stäbchen oder Würfelchen schneiden. In einer Schüssel mit dem gewürfelten Hühnerfleisch und der Mayonnaise vermengen.
• Die Geflügelmayonnaise portionsweise auf den Salatblättern anrichten.

Cocktail de crevettes à la bretonne

Bretonischer Krevettencocktail

Vorspeisen-Cocktails dieser Art haben in verschiedene Landesküchen Eingang gefunden; insbesondere in Amerika sind sie sehr beliebt. Wichtig ist, daß nicht zu viele Zutaten verwendet werden. In der französischen Küche gehören zum Beispiel nie Südfrüchte oder Champignons dazu, die man andernorts wiederum liebt.

Zutaten für 6 Personen:
½ Zitrone • 2 Eßl. fein gehackte Petersilie • 6 Salatblätter • 300 g Krevetten • 2 Eßl. steifgeschlagene Sahne • ⅛ l Mayonnaise • ¼ Glas Weißwein • ½ Glas Madeira • 2 Eßl. Tomatenketchup • ½ Teel. Salz • ½ Teel. Pfeffer

• Die Ränder von Sektschalen mit dem Saft der Zitrone befeuchten und in die Petersilie tauchen, so daß eine grüne Borte entsteht.
• Die Salatblätter waschen, abtropfen lassen und trocknen. In jedes Glas ein Salatblatt legen. Die Krevetten darauf verteilen, dabei 6 Krevetten zur Dekoration zurückbehalten. Aus der Mayonnaise, dem Wein, dem Madeira, der Schlagsahne, dem Ketchup und den Gewürzen eine Sauce rühren. Die Krevetten damit übergießen und je eine Krevette zur Dekoration daraufsetzen. Sofort servieren.

Courgettes farcies aux anchois

Courgettes mit Sardellenfüllung

Diese kleinen Gemüsekürbisse, die so ähnlich wie Gurken aussehen, spielen in der französischen Küche eine große Rolle. Bei uns sind sie unter ihrem italienischen Namen Zucchini zwar schon in den meisten Gemüseläden und Supermärkten zu haben, richtig bekannt sind sie aber noch nicht geworden. Das nachfolgende Gericht wurde uns von einer

Hausfrau verraten, die aus dem Lande des Calvados, also aus der westlichen Normandie, stammt. Man kann die aparte Vorspeise schon längere Zeit vor dem Servieren vorbereiten.

Zutaten für 4 Personen:
12 kleine Courgettes · einige Salatblätter · 2–3 Dosen in Öl eingelegte Sardellenfilets · 1 Tasse Mayonnaise

- Von den Courgettes die Stiele abschneiden. Die Courgettes waschen, aber nicht schälen, der Länge nach durchschneiden und die Kerne mit einem Teelöffel herauskratzen.
- Die Courgettes in kochendem Salzwasser etwa 10 Minuten blanchieren. Wenn sie glasig aussehen und etwas dunkler geworden sind, mit einem Schaumlöffel herausnehmen, abtropfen und erkalten lassen
- Die Salatblätter waschen und eine Platte damit belegen. Die Courgettes darauf anrichten. Die Sardellenfilets kurz abtropfen lassen. In die Vertiefung jeder Courgettehälfte ein Sardellenfilet legen und mit Mayonnaise überziehen.

Croque monsieur

Käse-Schinken-Toast

Ein beliebter Imbiß bei uns ist ein warmer Käse-Schinken-Toast mit Ananasringen, Hawaii-Toast genannt. Eine einfachere Zusammenstellung kommt aus Frankreich. Madame Joriaux bringt diesen Toast gern als ersten Gang eines winterlichen Abendessens auf den Tisch.

Zutaten für 4 Personen:
2 Eier · 200 g geraspelter Gruyère-Käse · ½ Teel. Dijon-Senf · 1 kleine Prise Cayennepfeffer · 8 Scheiben Toastbrot · 100 g cremig gerührte Butter · 4 Scheiben gekochter Schinken in der Größe der Brotscheiben, etwa 2 mm dick

- Die Eier mit dem Käse, dem Senf und dem Pfeffer kräftig verquirlen. Kein Salz zugeben! Die Toastscheiben auf einer Seite gut mit Butter bestreichen und das Ei-Käse-Gemisch darauf verteilen.
- 4 Brotscheiben mit dem Schinken belegen, die übrigen Scheiben darüberdecken und gut andrükken. Die Oberseite mit dem Rest der Butter bestreichen.
- Den Toast 10 Minuten vor dem Servieren im vorgeheizten Backofen goldbraun werden lassen. Wenn man will, kann man einige Tomaten mit in den Ofen schieben.

Beilage: grüner Salat.

Quiche lorraine

Lothringer Käsetorte

Bild Seite 17.

Die kulinarische Verwandtschaft zum schwäbischen, fränkischen oder badischen Zwiebelkuchen ist unverkennbar – auch wenn die Quiche gar nicht mit Zwiebeln belegt wird. Gemeinsam ist diesen herzhaften Kuchen auch, daß sie aus Gegenden stammen, in denen Wein angebaut und natürlich auch getrunken wird. Darum sollte man eine Quiche immer zu Wein servieren, am stilechtesten zu einem trockenen Elsässer.

Zutaten für 4 Personen:
200 g Mehl · 100 g Butter · ½ Teel. Salz · Butter zum Ausstreichen der Form · 200 g Frühstücksspeck (Bacon) oder gekochter Schinken · 4 Eier · ¼ l Sahne · ½ Teel. weißer Pfeffer · ½ Teel. Salz · 125 g geriebener Edamer Käse

- Das Mehl, die Butter in Flocken und das Salz mit 5 Eßl. Wasser rasch mit den Fingerspitzen zu einem geschmeidigen Teig verarbeiten. Nicht längere Zeit kneten, sondern die Zutaten nur zusammendrücken! Den Teig in Pergamentpapier einschlagen und in den Kühlschrank legen.
- Eine Springform mit Butter ausstreichen und mit etwas Mehl bestäuben. Den Teig auf die Größe des Springformbodens ausrollen. Die Form damit belegen und zwar so, daß ein Teigrand hochsteht.

• Den Speck (oder den Schinken) in Scheibchen schneiden und den Teig damit belegen. Die Eier in Eigelb und Eiweiß trennen. Die Eigelbe mit der Sahne, dem Pfeffer und dem Salz verquirlen. Den Käse unterziehen. Die Eiweiße steif schlagen und unterheben. Die Masse über die Speck- oder Schinkenscheiben gießen.
• Die Quiche im Backofen, der auf 200° vorgeheizt wurde, mindestens 30 Minuten backen. Sie wird wie eine Torte aufgeschnitten und warm gegessen. Für einen größeren Personenkreis kann man die Quiche auch auf einem hochwandigen rechteckigen Blech backen.

Tarte aux tomates et aux olives

Provenzalische Oliventorte

Bild Seite 18.

Diese warme Vorspeise ist ein Gericht der Mittelmeerküche. Beim Belag bieten sich große Variationsmöglichkeiten – ähnlich wie bei der Pizza, mit der die Oliventorte eine gewisse Verwandtschaft aufweist. Wenn Sie mit der Füllung beziehungsweise Auflage experimentieren wollen, so raten wir, diese Versuche zunächst im häuslichen Kreis zu wagen, nicht gerade dann, wenn Gäste kommen. Die kulinarische Harmonie muß erst einmal erprobt werden.

Zutaten für 4 Personen:
1 Packung tiefgekühlter Blätterteig.
Für die Füllung:
1 Tasse feingewürfelte Zwiebel · 1 feine rohe Bratwurst · ½ Teel. Sardellenpaste · ½ Teel. Senf · Salz, Pfeffer und Paprikapulver nach Geschmack · 4 Tomaten · 1 Teel. Liebstöckelblätter · je 1 Eßl. Petersilie und Kerbel, fein gehackt · 1 Teel. getrockneter Majoran · ¾ Tasse Olivenöl · grüne gefüllte und schwarze Oliven

• Den Blätterteig auftauen lassen und dünn ausrollen. Ein rundes Tortenblech mit gezacktem Rand damit auslegen. Die Teigränder abschneiden und den Boden mit einer Gabel mehrmals einstechen. Den Teigboden im vorgeheizten Backofen bei 200° 15 Minuten vorbacken.
• In der Zwischenzeit die Füllung vorbereiten: Die Zwiebelwürfel mit der ausgedrückten Bratwurstmasse, der Sardellenpaste, den Gewürzen, den überbrühten, abgezogenen und zerschnittenen Tomaten und den gehackten Kräutern in eine Kasserolle füllen, erhitzen und unter Rühren zu einer dicklichen Masse werden lassen. Zuletzt das Olivenöl unterschlagen. Die Masse soll nun die Konsistenz einer streichfähigen Paste haben.
• Diese Paste auf den vorgebackenen Tortenboden streichen und abwechselnd grüne und schwarze Oliven hineinstecken. Die Oberfläche mit dem Paprikapulver bestreuen. Die Torte bei Mittelhitze 30 Minuten lang backen. Es soll sich eine leichte Kruste bilden.

Unser Tip: Ein roter Landwein oder ein Rosé paßt am besten zu dieser Oliventorte.

Œufs pochés Madeleine

Verlorene Eier Madeleine

Diese Zubereitungsart ist typisch für die französische Küche. Der Hausfrau geht sie schnell von der Hand, weil sie Übung darin hat. Wer sich nicht ans Pochieren wagen will, kann auch wachsweich gekochte, geschälte Eier nehmen.

Zutaten für 4 Personen:
4 Eier · 1 Eßl. Essig · 1 Teel. Salz · 1 Tasse Krabben · 1 Tasse gekochte Blumenkohlröschen · ½ Tasse gewürfelte, gekochte Möhren · 4 Eßl. fein gehackte Petersilie · 6 Eßl. Tomatenketchup · 4 Eßl. Dosenmilch

• Die Eier auf ebenso viele Untertassen schlagen. Vorsicht, die Dotter nicht verletzen! 1 l Wasser mit dem Essig und dem Salz zum Kochen bringen, aber nicht sprudeln lassen. Die Eier hineingleiten lassen und mit 2 Gabeln – in jeder Hand eine – um die eigene Achse drehen. Die Eier nach 10 Minuten herausnehmen, abtropfen und 30 Minuten abkühlen lassen.

Escargots à la bordelaise.
Rezept unten auf dieser Seite.
Schinken, Schalotten, Knoblauch und Semmelbrösel werden angeschmort. Auf dem Bild daneben kommen die Schnecken in die fertige Brühe.

Zum Pochieren läßt man die Eier nacheinander in siedendes Wasser gleiten und dreht sie mit 2 Gabeln um die eigene Achse.

- Die Krabben, den Blumenkohl und die Möhren mit der Petersilie mischen, auf eine Platte geben und glattstreichen. Die Eier gleichmäßig darauf verteilen. Das Ketchup mit der Dosenmilch verrühren und über die Eier träufeln.
- Das Gericht für einige Minuten in den vorgeheizten Backofen stellen und warm werden lassen.

Soufflé au riz et saumon fumé

Reisauflauf mit Räucherlachs

Diese Vorspeise wird meist deshalb gewählt, weil sie so dekorativ aussieht. Es gibt einige geschmackliche Varianten, doch ist unser Rezept das empfehlenswerteste.

Zutaten für 4 Personen:
200 g Langkornreis • 2 Teel. Salz • 10 g grüne, kernlose Oliven • 150 g Räucherlachs im Stück • 2 Eßl. feine Kapern • 1 Eigelb • ½ Tasse Olivenöl ½ Teel. heller Senf • 1 Teel. Salz • 1 Teel. weißer Pfeffer • 2 Teel. Weinessig • 6 Blatt weiße Gelatine

- Den gewaschenen Reis in 1 l Wasser mit dem Salz kalt aufsetzen und im offenen Topf zum Kochen bringen. Dann die Hitze reduzieren und den Reis zugedeckt 15–17 Minuten quellen lassen. Den Deckel abnehmen, den Reis mit einer Gabel leicht durchrühren und erkalten lassen.
- Die Oliven in Ringe schneiden, den Lachs klein hacken, die Kapern abtropfen lassen. Alles in einer Schüssel zusammen mit dem Reis vermengen.
- Aus dem Eigelb, dem Öl, dem Senf, dem Salz, dem Pfeffer und dem Essig eine Mayonnaise rühren. Die Gelatine in 4 Eßl. heißem Wasser auflösen und unter schnellem Rühren in die Mayonnaise gießen. Die Mayonnaise sofort über den Reis gießen und gut untermischen.
- Eine Porzellanform kalt ausspülen, die Reismischung einfüllen und die Oberfläche glätten. Das Soufflé für 3 Stunden in den Kühlschrank stellen.
- Kurz vor dem Servieren die Form auf eine Platte stürzen, ein feuchtes heißes Tuch über die Form legen und diese abheben.

Escargots à la bordelaise

Schnecken auf Bordelaiser Art

Bild nebenstehend.

Weinbergschnecken stehen auch bei uns auf der Speisekarte jedes besseren Restaurants. Die Güte eines Schneckengerichts hängt von der Qualität der gewürzten Brühe ab. Hier einmal das Ur-Rezept der Hausfrauen aus der Weinlandschaft Bordelais.

Zutaten für 4 Personen:
2 Dutzend Schnecken aus der Dose • knapp 2 Eßl. Schweineschmalz • 1 gehäufter Eßl. fein gehackter roher Schinken • 5 Schalotten (oder 2 mittelgroße Zwiebeln) • 2 Knoblauchzehen • ½ Tasse Semmelbrösel • ½ Tasse Weißwein • ½ Tasse Bouillon • 1 Kräutersträußchen • 1 Teel. Salz • 1 Teel. weißer Pfeffer

- Die Schnecken in einem Sieb abspülen und abtropfen lassen.
- Das Schweineschmalz in einer Pfanne erhitzen. Den Schinken, die fein gehackten Schalotten und die

Pâté de foie de volaille.
Rezept Seite 103.
Bild 1 und 2 zeigen das Zubereiten und Einfüllen des Fleischteigs. Auf Bild 3 wird die Form in einen wassergefüllten Topf gestellt.

zerdrückten Knoblauchzehen darin unter Rühren anschmoren. Die Semmelbrösel zugeben und kurz mitschmoren. Mit dem Weißwein und der Bouillon ablöschen und einmal aufkochen lassen. Das Kräutersträußchen, das Salz, den Pfeffer und die Schnekken in die Brühe geben und bei milder Hitze etwa 15 Minuten ziehen lassen. Dabei mehrmals umrühren. Heiß servieren.

Œufs brouillés aux pointes d'asperges

Rührei mit Spargelspitzen

Außerhalb der Spargelzeit können Sie Pfifferlinge, Champignons oder vorgekochte Stücke von Fenchel oder Staudensellerie nehmen.

Zutaten für 4 Personen:
250 g Spargel • 1 Eßl. Sahne • 40 g Butter • 8 Eier
1 Teel. Salz • $^1/_2$ Teel. Pfeffer • Petersilie für die Garnitur

• Den Spargel schälen und waschen und in Salzwasser nicht zu weich kochen. Abtropfen lassen. Die Spitzen abschneiden. (Die Stangen kann man für eine Suppe oder einen Salat verwenden.) Die Spargelspitzen in der Sahne warm stellen.
• Die Eier mit dem Salz und dem Pfeffer verquirlen. In einer Omelettepfanne die Butter schmelzen lassen, die Eimasse hineingeben und mit einem Holzlöffel mehrere Male bewegen. Beginnt die Masse zu dicken, die Spargelspitzen und die Sahne zugeben. Das Rührei stocken lassen.
• Auf einer vorgewärmten Platte mit Petersilie dekoriert servieren.

Beignets d'aubergines

Auberginenkrapfen

In der deutschen Küche gibt es ein ganz ähnliches Rezept für eine Süßspeise, nur werden dafür Früchte, in Stücke geschnitten, verwendet. Sie können diese Gemüsebeignets anstatt mit Auberginen auch mit Scheiben von Salatgurken, Champignons oder Fenchel oder mit Stiften von Knollensellerie oder Karotten zubereiten.

Zutaten für 4 Personen:
4 feste Auberginen • Salz • 500 g Mehl • 4 Eier • 1 Tasse Milch oder Wasser • 1 Messerspitze doppeltkohlensaures Natron • 2 Eßl. Öl • Fett zum Backen

• Die Auberginen schälen, in dünne Scheiben schneiden, salzen und 1 Stunde Saft ziehen lassen. Den bitteren Saft weggießen und die Auberginen mit Küchenkrepp trockentupfen.
• Aus dem Mehl, den Eiern, dem Natron und dem Öl einen Teig rühren. Jede Auberginenscheibe einzeln durch den Backteig ziehen, ins heiße Fett geben und goldgelb backen.
• Heiß, zu einer hübschen Pyramide aufgetürmt, servieren.

Potages · Suppen

Suppen sind in Frankreich fast ein eigenständiges Gericht. Nur selten werden sie wie in anderen Ländern als Vorspeise serviert – als ob die Suppe dafür zu schade wäre. Denn wie in die Saucen investiert man in Frankreich alle Sorgfalt und kochkünstlerische Liebe und natürlich die besten Zutaten auch in die Suppen.

Die Vielfalt der französischen Bezeichnungen für das, was bei uns schlicht »Suppe«, heißt, kann verwirrend wirken. Wir wollen deshalb die wichtigsten und gebräuchlichsten hier kurz vorstellen.

Eine *soupe* ist eine einfache Suppe mit Einlagen. Auch die »Soupe à l'oignon«, die berühmte Zwiebelsuppe, gehört in diese Gruppe.

Eine *potage* ist eine etwas »vornehmere« Angelegenheit. Sie kann leicht gebunden sein, wie die »Potage à la reine«, die Königinsuppe, oder aber klar, wie die »Potage tortue clair«, eine klare Schildkrötensuppe, die als Einlage nur etwas Schildkrötenfleisch hat.

Die *crème* besteht aus einem Fond (siehe Kasten Seite 35), der mit frischer Sahne gebunden wird. Zu diesen Suppen gehören beispielsweise die »Crème de choux-fleur«, eine Blumenkohlsahnesuppe, oder die »Crème de volaille«, eine Geflügelsahnesuppe. (Eigentlich müßte man sie »Potage à la crème de volaille« nennen, das ist aber denn doch zu umständlich.)

Die *consommé* (siehe Kasten Seite 41) entspricht etwa unserer Fleischbrühe. Man reicht sie mit und ohne Einlage, oft mit Sherry, Portwein oder Madeira verfeinert.

Die *potée*, ein bäuerlicher Suppentopf, gehört genaugenommen bereits zum Geschlecht der Eintöpfe, ebenso die *garbure*, der *pot-au-feu* und seine Schwester, die *marmite* (siehe Kasten Seite 87).

Crème d'orge à l'estragon

Perlgraupensuppe mit Estragon

In der französischen Küche werden besonders kleine, sogenannte Perlgraupen verwendet. Sie werden nicht zu weich gekocht, dadurch bleiben sie schmackhaft.

Zutaten für 4 Personen:
1 Lauchstange · 1 Zwiebel · 1 Gewürznelke · 30 g Butter · 100 g Perlgraupen · 1 gestrichener Teel. Estragonblätter · 1 Teel. Salz · 1 Teel. Pfeffer · 1 Eigelb

• Den Lauch putzen, dabei das Grün vollständig abschneiden, und gründlich waschen. Das Weiße in feine Scheiben schneiden. Die Zwiebel schälen, halbieren und in die eine Hälfte die Gewürznelke stecken.
• Die Butter in einer Kasserolle zerlaufen lassen, die Perlgraupen hineingeben und unter Rühren 3 Minuten anrösten. Den Lauch und den Estragon zugeben und 1 Minute mitrösten. Mit 1½ l Wasser aufgießen, Salz, Pfeffer und die Zwiebel zufügen. Alles zum Kochen bringen und dann die Suppe zugedeckt bei milder Hitze 1 Stunde kochen lassen.
• Das Eigelb in einer Suppenterrine mit 1 Löffel Suppe verrühren. Die Zwiebel aus dem Suppentopf nehmen und die Suppe unter Rühren in die Terrine gießen.

Potage simple

Einfache Bier-Milch-Suppe

Die Zusammenstellung der Zutaten mutet etwas merkwürdig an, ist aber sehr schmackhaft. Das Rezept ist aus alten Kochbüchern überliefert.

Zutaten für 4 Personen:
85 g Butter · 1 Eßl. Mehl · 1 Eigelb · 1 Tasse Sahne · 1 l dunkles Bier · 1 Teel. Salz · 1 Teel. Pfeffer · ½ Teel. Muskat · 4 Scheiben Roggenbrot

• 25 g Butter zerlaufen lassen, das Mehl zugeben und unter Rühren 7–8 Minuten anschwitzen, aber nicht bräunen lassen. Den Topf von der Kochstelle nehmen und das Eigelb und die Sahne unterrühren.
• Das Bier in einen anderen Topf gießen und die Mehlschwitze unter ständigem Rühren dazugeben. Sehr heiß werden lassen, dabei ständig weiterrühren, aber nicht zum Kochen bringen.
• Die gewürfelten Brotscheiben in der restlichen Butter knusprig bräunen, auf die Suppenteller verteilen und die Suppe darüberschöpfen.

Potage de cresson Madeleine

Kressesuppe Madeleine

Dies ist eine gesunde, leichte, kalte Sommersuppe. Man reicht sie am besten in einer Terrine, die von geschlagenem Roheis umgeben ist, und ißt sie aus kleinen Tassen.

Zutaten für 4 Personen:
2 Bund Gartenkresse · 50 g Butter · 3 gestrichene Eßl. Mehl · ½ l Milch · ½ Teel. Salz

• Die Kresse sofort verarbeiten, sie wird schnell welk. Die Stiele abschneiden, die Blätter gründlich waschen. 1 l Wasser zum Kochen bringen, die Kresse hineingeben und zugedeckt einige Male aufkochen lassen. Die blanchierte Kresse auf ein Sieb zum Abtropfen schütten. Die Flüssigkeit auffangen. Die Kresse entweder mit dem Mixer pürieren oder sehr fein hacken.
• Die Butter in einer Kasserolle bei milder Hitze schmelzen lassen. Das Mehl unterrühren. Die kalte Milch angießen und alles unter Schlagen mit dem Schneebesen zum Kochen bringen. Die Abtropfflüssigkeit zugießen, die pürierte – oder gehackte – Kresse und das Salz zugeben. Einmal aufkochen lassen, dann die Hitze reduzieren und die Suppe zugedeckt 40 Minuten ziehen lassen. Abkühlen lassen.

Unser Tip: Wenn Sie diese Suppe warm reichen, können Sie frische Sahne zugeben.

La Garbure à la béarnaise
Béarner Gemüseeintopf

Diese berühmte französische Suppe kommt aus der südwestfranzösischen Landschaft Béarn, einem fruchtbaren Agrarland. In allen Küchen der Welt bekannt ist auch die Sauce béarnaise.

Zutaten für 4–6 Personen:
450 g gepökelte Ochsenbrust mit Fett · 250 g eingemachtes Gänsefleisch mit Fett (siehe Kasten Seite 96) · 1 l Rindfleischbrühe · 2 große Möhren · 6 kleine weiße Rübchen · 2 mittelgroße Kartoffeln $^1/_4$ Weißkohl · $^1/_2$ Tasse Bohnenkerne · 250 g grüne Bohnen · 2 Petersilienwurzeln · 2 Stengel Petersilie · 2 Stengel Kerbel · 1 Ästchen Liebstöckel · $^1/_2$ Zwiebel · $^1/_2$ Lorbeerblatt · 2 Teel. Salz · 1 Teel. Pfeffer · 4 Eßl. geriebener Käse

- Die Ochsenbrust in 1 l Wasser 15 Minuten kochen. Das Wasser abgießen, das Fleisch mit derselben Menge Wasser wieder auffüllen und 20 Minuten kochen. Das Fleisch herausnehmen und in mundgerechte Stücke schneiden, ebenso das Gänsefleisch. Beides in die Fleischbrühe geben und einmal aufkochen lassen.
- Die Gemüse putzen oder schälen und in gefällige Stücke schneiden, die auch nach dem Kochen noch ansehnlich sein sollen. Gemüsestücke mit den Kräutern und den Gewürzen zum Fleisch geben und in der Brühe bei milder Hitze in 30 Minuten gar ziehen lassen. Entweder als Eintopf, mit geriebenem Käse bestreut, servieren, oder die Gemüse und das Fleisch unzerteilt in der Brühe kochen und erst vor dem Servieren aufschneiden und mit Käse bestreuen. Die klare Suppe wird dann getrennt gereicht.

Potage au fenouil à l'Avignon
Fenchelsuppe Avignon

Fenchel wird in Frankreich sehr häufig als Gemüsebeilage gereicht oder zu gemischten Salaten verwendet. Bei diesem Rezept dient er als Grundlage für eine einfache ländliche Suppe. Das Aroma dieses Gemüses ist zart und angenehm, aber vielleicht nicht jedermanns Sache.

Zutaten für 4 Personen:
1 kg Fenchelknollen · 250 g Kartoffeln · 3 Knoblauchzehen · 1 Zwiebel · 1 Lorbeerblatt · 1 Sträußchen Petersilie · 2 Teel. Salz · 1 Teel. Pfeffer · 30 g Butter

Die Fenchelknollen putzen, waschen und in Stücke schneiden. Die zarten grünen Blättchen aufheben. Die Kartoffeln schälen und in Stücke schneiden, den Knoblauch und die Zwiebel schälen und klein schneiden.
- $1^1/_2$ l Wasser in einem Suppentopf erhitzen, das Gemüse und das Lorbeerblatt hineingeben und zugedeckt bei milder Hitze in 40 Minuten gar ziehen lassen.
- Die Petersilie und die Fenchelblätter waschen und fein hacken. Die Butter in einer Kasserolle schmelzen lassen und die Kräuter darin 10 Minuten zugedeckt dünsten.
- Das Lorbeerblatt aus dem Topf nehmen. Das Gemüse mit der Brühe im Mixer pürieren oder durch ein Sieb passieren. Die Suppe zurück in den Topf schütten, salzen und pfeffern und einmal aufkochen lassen.
- Die gedünsteten Kräuter mit der Butter in eine Suppenterrine geben und die Suppe darübergießen.

Potage crème aux salsifis
Schwarzwurzelcremesuppe

Dieses Gemüse hat einen feinen, unverwechselbaren Eigengeschmack. Französische Hausfrauen achten darauf, daß er erhalten bleibt. Daher werden Gerichte mit Schwarzwurzeln nicht scharf gewürzt.

Zutaten für 4 Personen:
1 kg Schwarzwurzeln · 2 Teel. Salz · 50 g Butter · 30 g Mehl · 50 g geriebener Parmesan

• Die Schwarzwurzeln bürsten, waschen, in Stücke schneiden und in kaltes Salzwasser legen, damit sie nicht gelb werden.
• $1^1/_2$ l Wasser mit den 2 Teel. Salz in einem großen Topf zum Kochen bringen, die Schwarzwurzeln hineingeben und zugedeckt 2 Minuten kochen lassen. Dann zum Abtropfen auf ein Sieb schütten und das Kochwasser auffangen.
• Die Butter in einer Kasserolle schmelzen lassen. Die blanchierten Schwarzwurzeln in Scheibchen schneiden und in der Butter bei milder Hitze 15 Minuten zugedeckt dünsten lassen, dann $^1/_2$ Tasse Kochwasser angießen und weitere 15 Minuten zugedeckt dünsten. Die Schwarzwurzeln mit dem Buttersaft und 2 Tassen vom Kochwasser entweder im Elektromixer pürieren oder durch ein Sieb passieren. Zurück in die Kasserolle schütten.
• Das Mehl mit 2 Tassen Kochwasser anrühren und unter Rühren in die Suppe einlaufen lassen. Die Suppe zum Kochen bringen und bei milder Hitze zugedeckt 10–15 Minuten leise kochen lassen. Der Parmesan wird gesondert in einem Schälchen dazu serviert.

Potage froid de Germiny

Kalte Germiny-Suppe

Im Sommer serviert Madame Joriaux ihrer Familie gern kalte Gemüsesuppen. Dazu gehört auch diese Germiny-Suppe.

Zutaten für 4 Personen:
Für den Fond:
1 kg Rindshaxe • 1,5 kg Rinderknochen • 1 Karotte • 1 weiße Rübe • 1 Lauchstange • $^1/_4$ Sellerie-

Mirepoix und bouquet garni

Der Unterschied zwischen beidem ist gering: Mirepoix ist eine Mischung aus grobgeschnittenem Gemüse, das locker in den Topf kommt, das bouquet garni ist, wie der Name sagt, ein Sträußchen, ein Bündel aus diesen Gemüsen. Mit einem bouquet wird zum Beispiel der Suppentopf »garniert«.

Der kulinarische Zweck ist immer derselbe: Das Gemüse soll dem Gericht größeren Wohlgeschmack geben. Zu einer braunen Grundsauce aus zerschlagenen Kalbsknochen und Fett verwendet man zum Beispiel ein mirepoix aus $^1/_3$ Zwiebeln, $^1/_3$ Sellerie, $^1/_6$ Möhren und $^1/_6$ Porree. Diese Gemüse werden nur grob zerschnitten, damit sie in der Brathitze nicht verbrennen. Das mirepoix bleibt jeweils im Kochtopf und zerkocht. Es darf deshalb nicht zuviel stark würzende Gemüsesorten enthalten.

Ein bouquet garni für einen Seefischfond könnte dagegen so aussehen: $^1/_3$ Zwiebel, $^1/_6$ Petersilienwurzel, $^1/_6$ Sellerie, $^1/_6$ Dill und Lorbeerblatt und $^1/_6$ Weißes vom Porree.

Das bouquet wird zusammengebunden und an einem langen Faden, dessen Ende um den Griff des Kochtopfs geknüpft ist, in die Brühe gehängt. So kann es jederzeit schnell herausgezogen werden. Hier liegt ein Unterschied zum mirepoix: Das bouquet garni wird, wenn es seine Pflicht getan hat, weggeworfen.

knolle • 1 Zwiebel mit 2 Gewürznelken gespickt • 1½ Teel. Salz • 250 g Sauerampferblattspitzen
Für die Liaison:
¼ l Sahne • 2 Eigelbe • 1 Prise Muskat • 1 Messerspitze Cayennepfeffer • 1 Prise weißer Pfeffer

• Für den Fond das gewaschene Fleisch und die gewaschenen Knochen in 2 l kaltem Wasser aufsetzen und schnell zum Kochen bringen. Den Schaum, der sich bildet, abschöpfen. Nach 40 Minuten Kochzeit Fleisch und Knochen herausnehmen. Die Brühe durchsieben und abkühlen lassen und das Fett abschöpfen.
• Das Gemüse putzen, waschen und in Stücke schneiden und zusammen mit der Zwiebel und dem Salz im Fond bei milder Hitze zugedeckt 45 Minuten kochen lassen. Ab und zu Fett und Schaum abschöpfen.
• Die Brühe in eine Kasserolle sieben und wieder zum Kochen bringen. Den Sauerampfer waschen und etwas zerzupfen und in der Brühe 10 Minuten mitkochen lassen.
• Für die Liaison in einer Schüssel die Sahne, die Eigelbe und die Gewürze miteinander verquirlen. Unter Rühren etwas von der warmen Brühe zugießen. Alles in die Kasserolle mit dem restlichen Fond gießen und gut umrühren. Die Suppe unter ständigem Rühren erhitzen, bis sie dicklich wird. Nicht kochen lassen! Ist die richtige Konsistenz erreicht, wird die Suppe in eine Terrine gegossen. Abkühlen lassen und gelegentlich umrühren. Nochmals abschmecken, dann in den Kühlschrank stellen. In Tassen servieren.

Potée Dauphiné

Suppe aus der Dauphiné

Eine Potée ist eine dicke Gemüsesuppe. Insbesondere die ländlichen Regionalküchen haben alle ihre speziellen Suppentöpfe; sie unterscheiden sich nur durch die Zusammenstellung der Gemüsearten. Allen gemeinsam aber ist, daß das Gemüse so schonend wie möglich zubereitet wird, damit der Eigengeschmack erhalten bleibt. Wenn Madame Joriaux eine Potée im Familienkreis serviert, kommt der Suppentopf gleich direkt auf den Tisch.

Zutaten für 4 Personen:
2 Karotten • 3 Zwiebeln • 2 Lauchstangen • 60 g Butter • 2 Tassen gekochte weiße Bohnen oder ½ Dose Bohnen (425 g) • 2–3 Tomaten oder 3 Eßl. Tomatenmark • 2 Teel. Salz • 2 Teel. Pfeffer
125 g Sauerampferblätter • 1 Tasse Sahne • 2 Scheiben geröstetes Brot

• Die Karotten schaben, die Zwiebeln schälen, den Lauch putzen. Das Gemüse klein schneiden und in 40 g Butter 15 Minuten dünsten. Die Bohnen und die geviertelten Tomaten zugeben, 1½ l warmes Wasser aufgießen, salzen und pfeffern. Alles 1 Stunde zugedeckt bei milder Hitze kochen.
• Die Sauerampferblätter von den Rippen streifen, waschen und hacken und in der restlichen Butter 20 Minuten dünsten. In den Suppentopf geben.
• Die Suppe durch ein Sieb passieren oder das Gemüse nur zerdrücken. Die Sahne mit dem Schneebesen darunterschlagen. Die Suppe nochmals erhitzen und auf den gerösteten Weißbrotscheiben servieren. Noch besser schmeckt die Potée, wenn man statt des Wassers abgefettete Kalbs- oder Rindfleischbrühe verwendet.

Unser Tip: Sie können Weißbrot auch ohne Toaster rösten. Dazu schneiden Sie sehr dünne Scheiben von trockenem französischem Weißbrot ab und legen sie in eine leicht gebutterte Pfanne. Schnell bräunen lassen.

Potage provençale

Suppe aus der Provence

Man muß beim Stichwort »Provence« nicht immer sofort an jene Gewürzmischung denken, die »herbes provençales« genannt wird und in der der Rosmarin vorherrscht. Dagegen gibt es kaum ein provenzalisches Gericht ohne Knoblauch, Tomaten und Olivenöl.

Zutaten für 4 Personen:
750 g Kartoffeln · Salz · 750 g Tomaten · 12 Knoblauchzehen · 1 Salbeiblatt · je 1 Prise Rosmarin, Thymian, Anis und Zimtpulver · 1 Gewürznelke · 1 Eigelb · 1 Tasse geriebener Käse

- Die Kartoffeln schälen und vierteln. 1 l Salzwasser zum Kochen bringen, die Kartoffeln darin etwa 30 Minuten garen und anschließend mit der Flüssigkeit entweder im Elektromixer pürieren oder durch ein Sieb passieren.
- Gleichzeitig in einem anderen Topf die ganzen Tomaten und die geschälten und gespaltenen Knoblauchzehen zusammen mit den Gewürzen in $^1/_2$ l Salzwasser 20 Minuten kochen. Die weichen Tomaten ebenfalls pürieren oder passieren, die durchpassierten Kartoffeln zugeben und die Suppe einmal aufkochen lassen.
- Das Eigelb in die Suppenterrine geben und die Suppe unter Rühren hineingießen. Mit dem geriebenen Käse bestreut servieren.

Fond

Fond ist ein Gruppenbegriff für aromatische Brühen aus Gemüsen, Fleisch, Geflügel, Wild, Fisch – kurz gesagt aus allen Küchenrohstoffen, die in Wasser gegart werden können. Man kocht diese Rohstoffe in Wasser zusammen mit Gewürzen und Wein. Dann wird die Flüssigkeit durch Eindampfen konzentriert. Sie bildet nun die Grundsubstanz – eben den »fond«, was im Französischen »Grundlage« oder auch das »Wesentliche« heißt – für Suppen oder Saucen.

Je nach Fleischart unterscheidet man *fond de volaille* aus Geflügel, *fond de veau* aus Kalbfleisch und *fond de gibier* aus Wildfleisch. Während die meisten Fonds hellfarbig bleiben, soll der Wildfond eine dunkelbraune Färbung zeigen. Man erreicht das, indem man Wildkleinfleisch, zerschlagene Knochen und Suppengemüse in wenig Fett dunkelbraun röstet, mit Wasser aufgießt und kochen läßt.

Für einen Fischfond kocht man Gräten, Köpfe und Flossen von Seefischen mit Zwiebelscheiben und Petersilienstengeln in wasservermischtem Weißwein. Der Fond wird anschließend durchgesiebt und bildet die Grundlage für Fischsaucen.

Zu einem Gemüsefond – der die Basis für eine Frühlingssuppe bilden kann – werden verschiedene aromatische frische Gemüse in Wasser gekocht.

Die französische Hausfrau verwendet also dort, wo man in Deutschland meist Wasser benutzt – zum Auffüllen von Suppen- und Saucenansätzen –, bereits eine würzige Brühe. Natürlich gibt es auch in Frankreich gekörnte oder zu Würfeln gepreßte »fertige Fonds«; sie genügen aber der qualitätsbewußten französischen Hausfrau meist nicht.

Soupe à l'oignon.
Rezept unten auf dieser Seite.

Potages · Suppen

Potage aux concombres
Gurkensuppe

Madame Joriaux und ich mögen diese Suppe ganz besonders gern. Sie hat einen sehr feinen Geschmack, ist leicht und gut verdaulich.

Zutaten für 4 Personen:
100 g roher Schinken • 1 Eßl. Stärkemehl • 1 große, feste Salatgurke • 1,5 l Putenbrühe • 1 Teel. Glutamat • 1 Teel. Pfeffer • 1 Teel. Salz • 2 Eier • 2 Eßl. Sojasauce

• Den Schinken in Streifen schneiden und diese im Stärkemehl wenden. Die Gurke schälen, der Länge nach halbieren und die Kerne herauskratzen. Das Gurkenfleisch in 1 cm dicke Scheiben schneiden. Die Putenbrühe zum Kochen bringen, die Gurkenscheiben, das Glutamat, den Pfeffer und das Salz zugeben (ist die Brühe schon gesalzen, nur noch sehr wenig Salz) und zugedeckt bei milder Hitze 10 Minuten ziehen lassen. Den Schinken zugeben und alles nochmals 3 Minuten ziehen lassen.
• Die Eier und die Sojasauce in der Suppenterrine miteinander verquirlen. Die kochendheiße Suppe unter Rühren darübergießen. Sofort servieren.

Unser Tip: Sie können den Schinken durch streifig geschnittenes Putenfleisch ersetzen. Putenfleisch kommt aber zugleich mit der Gurke in die kochende Brühe.

Soupe à l'oignon
Zwiebelsuppe
Bild nebenstehend.

Die Zwiebelsuppe ist in Frankreich ein einfaches Gericht, das man ißt, um sich aufzuwärmen – im Winter oder in der kalten Morgenfrühe. Man braucht beste Fleischbrühe dazu, daher kann man sie im Haushalt nur dann machen, wenn es als Hauptgericht gekochtes Rindfleisch gibt.

Zutaten für 4 Personen:
6 große Zwiebeln • 100 g Butter • 1 gestrichener Teel. Pfeffer • 1½ l Bouillon • 2 Scheiben Toastbrot 3 Gläser Weißwein • ½ Tasse geriebener Käse

• Die Zwiebel schälen und in dünne Ringe schneiden. 60–70 g Butter in einem Topf heiß werden lassen, die Zwiebelringe zugeben und unter ständigem Rühren hellgelb anlaufen lassen. Den Pfeffer unterrühren und die Bouillon zugießen. Die Suppe zugedeckt bei mittlerer Hitze 10 Minuten kochen lassen.
• Die restliche Butter in einer Pfanne erhitzen. Das Weißbrot würfeln und in der Butter goldgelb rösten.
• Den Weißwein unter die Suppe rühren, abschmecken und nochmals sehr heiß werden lassen.
• Die Suppe kann in einer Terrine oder gleich in Tassen serviert werden. Die Weißbrotwürfel und den Käse darüberstreuen. Wichtig: Die Suppe muß sehr heiß serviert werden!

Consommé Viveur
Selleriekraftbrühe

Dies ist eine mit Sellerie gekochte Kraftbrühe, der außerdem noch gehackter, in Butter gedünsteter Sellerie zugegeben wird. Ein apartes Gericht, das schnell zubereitet ist.

Zutaten für 4 Personen:
1 kg mageres Rindfleisch, am besten Haxe (Beinfleisch) • 4 Geflügelklein (am billigsten ist Hühnerklein) • 250 g Knollensellerie • 1 Karotte • 2 Eiweiße • 3 l Kalbsfond • Salz • Pfeffer • 40 g Butter

• Das Fleisch waschen und durch den Wolf drehen. Das Geflügelklein in Stücke schneiden oder schlagen.
• Den Sellerie dick schälen, waschen und klein hakken. Die Karotte schaben, waschen und in Scheiben schneiden. Die Eiweiße zusammen mit 150 g gehacktem Sellerie und den Karotten in eine Kasserol-

Crème de volaille bonne femme.
Rezept unten auf dieser Seite.
Vorbereiten des Gemüses. Das Fleisch wird von den Knochen gelöst. Legieren mit einem Sahne-Eigelb-Gemisch.

le füllen, das Fleisch zugeben und alles mit einem Löffel vermengen. Den Kalbsfond zugießen. Alles unter Rühren zum Kochen bringen, dann die Hitze reduzieren und das Ganze zugedeckt 2 Stunden kochen lassen. Erst dann salzen und pfeffern.

- Die Butter bei milder Hitze schmelzen lassen, den restlichen Sellerie zugeben und zugedeckt dünsten, aber nicht bräunen. 2 Tassen Fond angießen und im offenen Topf langsam einkochen lassen. Wenn die Flüssigkeit fast verkocht ist, den Sellerie in die Suppenterrine geben. In ein Suppensieb ein feuchtes, gut ausgewrungenes Tuch legen und die kochende Fleischbrühe in die Suppenterrine durchsieben.

Crème de volaille bonne femme

Geflügelcremesuppe Bonne Femme

Bild nebenstehend.

Es bleibt Ihnen überlassen, ob Sie für diese Suppe ein ganzes Huhn verbrauchen wollen. Auf keinen Fall dürfen Sie aber ein junges Brathühnchen verwenden. Denn das Fett eines ausgewachsenen Huhnes ist wichtig für die geschmackliche Anreicherung der Suppe.

Zutaten für 4 Personen:
1 kochfertiges Suppenhuhn • 1 Staude Bleichsellerie • 2 Möhren • 1 Zwiebel • 3 Pfefferkörner • 2 Gewürznelken • ½ Teel. Salz • 2 Stangen Lauch
3 Eßl. Butter • 3 gestrichene Eßl. Mehl • ⅛ l Sahne
2 Eigelbe

- Das Suppenhuhn innen und außen kalt waschen und mit den Innereien in eine Schüssel legen. Den Sellerie putzen und waschen und die Stangen in Scheibchen schneiden. Die Möhren schaben, waschen und der Länge nach vierteln. Die Zwiebel schälen und achteln. Die Pfefferkörner mit den Gewürznelken und dem Salz in 1 l Wasser geben.
- Das Wasser zum Kochen bringen, das Huhn und das Gemüse zugeben und alles zugedeckt bei mittlerer Hitze 40 Minuten kochen lassen.
- Den Lauch der Länge nach halbieren, gründlich waschen und in Scheibchen schneiden.
- Die Hühnerbrühe durch ein Sieb gießen und aufbewahren. Das Hühnerfleisch von den Knochen lösen, enthäuten und in kleine Stücke schneiden. Das mitgekochte Gemüse ebenfalls kleinschneiden.
- In einer Kasserolle die Butter schmelzen lassen und die Lauchscheibchen darin unter ständigem Rühren 5 Minuten andünsten. Das Mehl darüberstäuben, hellgelb anschwitzen und nach und nach mit der Hühnerbrühe auffüllen. Das Hühnerfleisch und das Gemüse in die Suppe geben.
- Die Sahne mit den Eigelben verquirlen und das Gemisch mit einigen Löffeln heißer Suppe verrühren. Die Suppe von der Kochstelle nehmen und die Ei-Sahne unterrühren.

Consommé aux profiteroles

Kraftbrühe mit Teigbällchen

Wir haben dieses Rezept deshalb ausgesucht, weil hier nochmals ausführlich die handwerklich richtige Herstellung der Consommé beschrieben wird. Fleischbrühe sollte immer nach diesem Rezept zubereitet werden; dann ist sie gewiß mehr als eben »nur eine Brühe«.

Zutaten für 6–8 Personen:
Für die Consommé:
1,5 kg Rindshaxe (Beinfleisch) • 500 g Rinderknochen • 250 g Karotten • 100 g weiße Rüben • 500 g Lauch • eine große Zwiebel, mit 1 Gewürznelke gespickt • 1 Kräutersträußchen aus folgenden Kräutern: 2 Stengel Selleriegrün, 1 Zweiglein Thymian, 1 Lorbeerblatt, 4 Stengel Petersilie • 500 g Rinderhackfleisch • 2 Eiweiße • Hals und Magen einer Pute • 2 gestrichene Eßl. Salz.
Für den Teig (ergibt etwa 100 kleine Teigbällchen):
30 g Butter • 1 Prise Salz • 60 g Mehl • 20 g geriebener Käse • 1 Ei

- In einem großen Topf das gewaschene Fleisch, die gewaschenen Knochen und so viel Wasser, daß alles gut bedeckt ist, zugedeckt zum Kochen bringen.

Einige Male aufkochen lassen und den Schaum abnehmen. Das Gemüse putzen, waschen und zugeben, ebenso die Zwiebel und das Kräutersträußchen. Nochmals aufkochen lassen, wieder abschäumen, dann die Hitze reduzieren und alles zugedeckt 3 Stunden kochen lassen.

• In einer Schüssel das Hackfleisch gründlich mit den Eiweißen vermischen. In eine Kasserolle umfüllen, 2½ l durchgesiebte Consommé zugießen, Putenmagen und -hals zugeben und alles nochmals 2 Stunden bei mittlerer Hitze zugedeckt kochen lassen. Nach einer Stunde salzen.

• Während die Brühe kocht, die Teigbällchen zubereiten. In eine Kasserolle die Butter geben, zusammen mit ½ Tasse Wasser und dem Salz. Einmal aufschäumen lassen, dann die Kasserolle von der Kochstelle nehmen und hintereinander das Mehl, den Käse und das Ei einrühren. Die Kasserolle wieder auf die Kochstelle bringen und den Teig so lange mit dem Teiglöffel spateln, bis er sich von Topfrand und -boden löst und zu einer Kugel formt.

Für die profiteroles setzt man mit 2 Löffelchen Teigbällchen auf ein Backblech.

Mit 2 Löffelchen Teigbällchen in der Größe einer Haselnuß auf ein gebuttertes Blech setzen. Die Löffel immer wieder in kaltes Wasser tauchen. Die Teigbällchen im vorgeheizten Backofen bei schwacher Hitze 10 Minuten backen.

• Eine entsprechende Portion Teigbällchen in die Suppenterrine legen und mit der heißen Consommé übergießen.

Potage à la reine

Kalbfleischrahmsuppe

Dieses köstliche Gericht wird auf Speisenkarten oft als »Königinsuppe« bezeichnet. Sie ist das typische Beispiel einer Suppe, die eher unscheinbar aussieht, aber durch die guten Zutaten – zu denen eine sorgfältige Zubereitung kommen muß – von hervorragendem Geschmack ist. Eine Suppe für Feiertage – und doch wohl auch für Königinnen.

Zutaten für 4 Personen:
1 kg Kalbshaxe • 2 Karotten • 2 weiße Rübchen • 250 g Lauch • ½ Sellerieknolle • 1 Zwiebel, mit 1 Gewürznelke gespickt • 1 Lorbeerblatt • 2 Stengel Petersilie • 1½ Teel. Salz • 1 Teel. weißer Pfeffer • 60 g Butter • 7 gestrichene Eßl. Mehl • 2 Tassen Milch • 1 Tasse Sahne • 4 Eigelbe

• In einem großen Topf 2 l kaltes Wasser aufsetzen, das gewaschene Fleisch zugeben und zum Kochen bringen. In der Zwischenzeit das Gemüse putzen und waschen und in den Suppentopf geben, ebenso die Zwiebel, das Lorbeerblatt, die Petersilie und die Gewürze. Einige Male aufkochen lassen, abschäumen. Die Hitze reduzieren und die Suppe zugedeckt 2 Stunden kochen lassen.

• Die Butter in einer Kasserolle bei milder Hitze zerlaufen lassen, das Mehl zugeben und 3 Minuten anschwitzen. Nicht braun werden lassen! Die kalte Milch angießen und die Sauce mit dem Schneebesen so lange schlagen, bis sie dicklich wird.

• Das Fleisch aus der Brühe nehmen und warm stellen. 1½ l durchgesiebte Brühe in die weiße Sauce schlagen. Wenn sie schön glatt ist, die Kasserolle wieder auf die Kochstelle bringen und die Suppe bei milder Hitze unter kräftigem Rühren zum Kochen bringen. Mit Salz und Pfeffer nachwürzen. Zugedeckt 20 Minuten kochen lassen.

• In einer anderen Kasserolle die Sahne mit den Eigelben verquirlen. Nach und nach unter ständigem Rühren die heiße Suppe auffüllen.
• Das Kalbfleisch vom Knochen lösen, klein würfeln und in eine vorgewärmte Suppenterrine legen. Die Suppe darübergießen und sofort servieren.

Potage du gibier

Wildsuppe mit Gemüsen

Man kann in Frankreich nicht wie bei uns Wild einfach in einem Fachgeschäft kaufen. Das Jagen ist Privatsache. Französische Hausfrauen sind es also gewöhnt, Wildbret herzurichten und auch die Wildabschnitte, das Kleinfleisch, das beim Zerwirken übrigbleibt – Hals, Brust und Rumpf – restlos zu verwerten. Es sind ja nur wenige Teile des Wildkörpers für Braten geeignet; alles andere wird für die hausgemachte Wildsuppe oder -sauce verwendet.

Zutaten für 4 Personen:
2 Eßl. Öl • 1 kg Kleinfleisch und Wildknochen • 5 Stengel Petersilie • 2 Thymianzweige • 2 Teel. Pfeffer • 2 Stangen Lauch • 2 Karotten • 1 weiße Rübe • 1 Selleriestange • 1 Lorbeerblatt • 50 g Butter • 1 Zwiebel • 3 gestrichene Eßl. Mehl • 200–250 g Fleischreste von gebratenem Wild •

Consommé und Essence

Es gehört zu den wesentlichen Merkmalen der französischen Küche, daß besonderer Wert auf die Herstellung und häufige Verwendung von aromatischen und extraktreichen Fleischbrühen Wert gelegt wird. Es gibt hier eine genau festgelegte »Hierarchie«, was die Qualität dieser Brühen anlangt.

Die unterste Stufe ist der *Fond* (siehe Kasten Seite 35), die nächsthöhere die *Consommé*, die dem entspricht, was wir auf gut Deutsch »Bouillon« nennen. Für eine einfache Consommé setzt man 500 g Rindfleisch in 2 Liter Wasser zu. Will man eine *Consommé double* haben, so schlägt man in einem Topf 1 Tasse kaltes Wasser mit einem Eiweiß schaumig, gibt 250 g fettfreies Rinderhackfleisch zu und das Ganze in die einfache Consommé. Dann läßt man 20 Minuten gar ziehen (pochieren), bis sich das Hackfleisch abgesetzt hat. Verkocht man in dieser Consommé double nun nochmals 250 g Rinderhackfleisch, so ergibt das *Essence*.

Consommé double sollte in gekühltem Zustand so viel Fleischsubstanz haben, daß sie leicht geliert. So wird sie auch im Sommer serviert – und fast immer ohne Einlage, um von ihren »inneren« Werten nicht abzulenken.

Die Essence kann man mit einigen Tropfen Cognac, Portwein, Sherry oder Madeira parfümieren.

Natürlich kocht eine französische Hausfrau nicht jeden Tag Consommé. Die Menge wird für mehrere Mahlzeiten im voraus zubereitet und im Kühlschrank aufbewahrt.

2 gehäufte Eßl. granulierter Fleischaft oder 1/2 Teel. fertiger Fleischextrakt • 150–200 g Wildfilet (Hase, Reh, Hirsch) • 2 1/2 Teel. Salz

• Das Öl in einem großen Topf erhitzen und das Kleinfleisch und die Knochen darin 10 Minuten anbraten, bis sie braun sind. 3 1/2 l heißes Wasser angießen, die gewaschenen Kräuter, den Pfeffer, das geputzte, gewaschene Gemüse und das Lorbeerblatt zugeben. Alles zum Kochen bringen, dann die Hitze reduzieren und den Fond zugedeckt 1 Stunde kochen lassen.

• 30 g Butter in einem Topf schmelzen lassen und die gehackte Zwiebel darin leicht anbräunen. Das Mehl zugeben und die Schwitze unter Rühren hellbraun werden lassen.

• 2 1/2 l durchgesiebten Wildfond zugeben und die Suppe unter Rühren zum Kochen bringen. Dann die Hitze reduzieren und die Suppe zugedeckt 1 Stunde kochen lassen.

• Die Fleischreste kleinschneiden, mit dem Madeira und dem granulierten Fleischsaft vermengen und in die Suppe geben. (Fleischextrakt kommt direkt in die Suppe.) Das Kleinfleisch von den Knochen lösen, zweimal durch die feine Scheibe des Wolfs drehen und mit dem Schneebesen in die Suppe schlagen. Salzen. Nicht mehr kochen lassen!

• Das Wildfilet in kleine Würfel schneiden, salzen und pfeffern und in der restlichen Butter ein paar Minuten unter Wenden braten. Abtropfen lassen und in die Suppenterrine legen. Die kochendheiße Suppe darübergießen und sofort servieren.

Soupe aux moules

Muschelsuppe Florence

Spricht man in Frankreich von *moules* – Muscheln –, so sind stets die stahlblau glänzenden Pfahlmuscheln gemeint, die man auch Miesmuscheln nennt. Die anderen genießbaren Vettern dieser Gattung haben alle eigene kulinarische Namen.

Zutaten für 4 Personen:
Für den Fischsud:
2 kleine Zwiebeln • 50 g Champignons • 1 Eßl. kleingeschnittene Petersilienstengel • 1 Teel. Zitronensaft • 1 kg Köpfe und Gräten von Seezungen, Schollen oder Schellfisch • 1 Tasse trockener Weißwein • 2 Teel. Salz • 4 weiße Pfefferkörner.
Für die Suppe:
3 kg große Pfahlmuscheln • 3 Gläser trockener Weißwein • 2 Zwiebeln • 1 Schalotte • 2 Eßl. kleingeschnittene Petersilienstengel • 6 Prisen gemahlener Pfeffer • 60 g Butter • 50 g Mehl • 1 Tasse Sahne • 2 gestrichene Eßl. fein gehackte Petersilie • 1 kleine Knoblauchzehe • 2 geröstete Weißbrotscheiben

• Für den Sud die in Scheiben geschnittenen Zwiebeln und Champignons, die Petersilienstengel, den Zitronensaft, die Fischköpfe und -gräten und den Weißwein in eine Kasserolle geben, 1 l Wasser angießen, alles zum Kochen bringen, salzen und den Sud 25 Minuten zugedeckt bei milder Hitze kochen lassen. Die Pfefferkörner zugeben und den Sud weitere 10 Minuten kochen lassen. Den Sud durch ein Tuch seihen und im offenen Topf auf 3/4 l einkochen lassen. Keinesfalls Fischköpfe und -gräten länger als 35 Minuten mitkochen lassen. Sonst kann es passieren, daß der Sud einen unangenehmen Geschmack annimmt, da die Säure des Weins zuviel Kalzium aus den Gräten gezogen hat.

• Den eingekochten Sud abkühlen lassen und in den Kühlschrank stellen. Für die Suppe die Muscheln gründlich unter fließendem kaltem Wasser waschen, indem man sie zwischen den Fingern reibt. Aufpassen, daß sich die Schalen nicht öffnen! Die Muscheln und den Weißwein in einen großen Topf geben und die in Scheiben geschnittenen Zwiebeln, die kleingeschnittene Schalotte, die Petersilienstengel und den Pfeffer zufügen. Im zugedeckten Topf zum Kochen bringen und bei starker Hitze 4–5 Minuten – nicht länger! – kochen lassen. Dabei die Muscheln zweimal umschwenken, damit sie gleichmäßig garen.

• Die garen Muscheln zum Abtropfen auf ein Sieb schütten und die Flüssigkeit auffangen. Die Muscheln aus den Schalen lösen.

• Ein doppelt gefaltetes Leintuch in ein Haarsieb legen und den abgetropften Fond in einen großen Topf durchgießen. Das Durchsieben ist sehr wichtig, damit die feinen Sandkörnche die sich in den Muscheln befinden, zurückbleiben.
• Den Fond auf die Hälfte einkochen lassen, den Fischsud zugeben und alles wieder zum Kochen bringen.
• Die Butter in einer Kasserolle schmelzen lassen und das Mehl darin unter Rühren 7–8 Minuten anschwitzen, aber nicht bräunen lassen. Mit der Fischbrühe aufgießen und 20 Minuten kochen lassen. Den sich bildenden Schaum abschöpfen.
• Hier kann die Zubereitung vor der endgültigen Fertigstellung unterbrochen werden.
• Zum Anrichten die Muscheln und die Sahne in die Suppe geben. Alles erhitzen, aber nicht mehr kochen lassen. Kurz vor dem Servieren die Petersilie und die fein gehackte Knoblauchzehe zugeben und gut unterrühren. In eine vorgewärmte Suppenterrine gießen und sofort servieren. Die gerösteten Weißbrotscheiben werden obenauf gelegt.

Unser Tip: Der Fischsud kann schon am Tag zuvor zubereitet und in den Kühlschrank gestellt werden. Wenn Sie den Sud bereits einige Tage zuvor zubereiten möchten, ist es ratsam, ihn bis zum Gebrauch einzufrieren. Dazu den Sud in ein oder zwei Behälter gießen, aber nicht ganz voll füllen, die Flüssigkeit dehnt sich beim Einfrieren aus. Die Behälter luftdicht verschließen, damit das Aroma erhalten bleibt.

Soupe marseillaise

Hausmacher-Bouillabaisse

Bild Seite 55.

Eine »echte« Bouillabaisse kann man eigentlich nur an der Küste des Mittelmeers zubereiten. Die französischen Restaurants behelfen sich, indem sie sich Mittelmeerfische schicken lassen. Die deutsche Hausfrau ist auf das angewiesen, was ihr die einheimischen Fischgeschäfte und Tiefkühltruhen anzubieten haben. Hier ist eine Variante, für die man keine Mittelmeerfische braucht.

Zutaten für 4 Personen:
750 g verschiedene Fische · 4 Zwiebeln · 1/8 Sellerieknolle · 1 Möhre · 1 Lauchstange · 2 Pfefferschoten · 4 Tomaten · 1 Tasse Olivenöl · 4 Knoblauchzehen · 1/2 Teel. Salz · 1 kleine Dose Langostinos · 1 kleine Dose Muscheln, naturell eingelegt · 1 Prise Safran

• Die Fische innen und außen gründlich waschen, Flossen und Schwänze abschneiden, die Köpfe jedoch daranlassen. Die Fische in Stücke schneiden. Die Zwiebeln schälen und würfeln. Den Sellerie schälen, waschen und in Streifen schneiden. Die Möhre und den Lauch putzen, waschen und in Scheibchen schneiden. Die Pfefferschoten hacken. Die Tomaten überbrühen, abziehen und würfeln.
• Das Olivenöl erhitzen und die Fischstücke von allen Seiten darin anbraten. Die Knoblauchzehen schälen und hacken, mit den Zwiebelwürfeln zu den Fischstücken geben und glasig werden lassen. Salz und das vorbereitete Gemüse zugeben und so viel Wasser angießen, daß alles mit Flüssigkeit bedeckt ist. Die Suppe zugedeckt bei milder Hitze 20 Minuten kochen lassen.
• Die Langostinos und die Muscheln abtropfen lassen, nach beendeter Garzeit zusammen mit dem Safran in die Suppe geben und 5 Minuten darin ziehen, aber nicht kochen lassen.
• Die Suppe in einer Terrine anrichten und sehr heiß servieren.

Beilage: Stangenweißbrot.

Soupe des vendanges

Weinsuppe

Die französische Hausfrau verwendet für diese Suppe alle aromatischen Fischsorten, wie zum Beispiel Meeraal oder Weißling. Man kann statt des Meeraals aber auch gut Karpfen nehmen.

Zutaten für 4 Personen:
350 g Fisch · 1 Tasse Olivenöl · 2 Schalotten · 1 Gewürzsträußchen (Thymian, Lorbeerblatt, Lauchstange und Petersilie) · ½ Flasche trockener Weißwein (Graves oder ein Pfälzer) · 1 Teel. Salz · 1 Teel. Pfeffer · 2 Eigelbe · 2 Teel. Zitronensaft · 100 g Stangenweißbrot in Scheiben · 1 Knoblauchzehe · ½ Teel. Safran

- Den Fisch vorbereiten, in mundgerechte Stücke schneiden und zusammen mit ½ Tasse Öl, den Schalotten und dem Gewürzsträußchen in einen Topf geben und kurz andünsten. Den Wein und ½ l Wasser zugeben, salzen und pfeffern. Bei milder Hitze zugedeckt etwa 30 Minuten garen.
- In einem zweiten Topf die Eigelbe mit dem Zitronensaft verrühren. Das Gewürzsträußchen und die Schalotten herausnehmen und die Suppe unter Rühren langsam zu den Eigelben gießen. Nochmals gut heiß werden lassen, aber nicht zum Kochen bringen.
- Die Weißbrotscheiben mit dem Knoblauch einreiben und in dem restlichen Öl von beiden Seiten anbräunen. In eine Suppenterrine legen, die Suppe darübergießen und den Safran zugeben.

Soupe au poisson

Seefischsuppe

Zu diesem Rezept wird ein großer Fischkopf verwendet. Manche Hausfrauen lassen den ausgekochten Kopf in der Suppe und zerdrücken ihn oder zerkleinern ihn im Elektromixer. Das Aroma wird dadurch besser.

Zutaten für 4 Personen:
Kopf eines großen Kabeljaus · 1 Lorbeerblatt · 1 Zweiglein Thymian · 2 Stengel Petersilie · 2 Teel. Salz · 1 Teel. Pfeffer · 2 Eßl. Olivenöl · 1 Prise Safran · 3 gestrichene Eßl. Stärkemehl · 8 dünne Scheiben Weißbrot · 1 Tasse Sahne

- Den Fischkopf gründlich waschen und zusammen mit dem Lorbeerblatt, dem Thymian, der Petersilie, dem Salz, dem Pfeffer, dem Olivenöl und dem Safran in einen Topf geben. 1 l kaltes Wasser aufgießen und alles zum Kochen bringen, dann die Hitze reduzieren und die Suppe zugedeckt 30 Minuten kochen lassen.
- Das Stärkemehl mit 2 Tassen kaltem Wasser anrühren und unter Rühren in die kochende Flüssigkeit einlaufen lassen. Die Suppe zugedeckt bei milder Hitze 5 Minuten weiterkochen lassen.
- Das Weißbrot leicht toasten und in die Suppenterrine legen. Den Fischkopf herausholen und die Suppe durch ein Sieb über das Brot gießen. Die Sahne separat servieren. Man gibt in die Mitte jedes angerichteten Suppentellers 1 Eßlöffel.

Poissons, moules et crustacées

Fische, Muscheln, Krustentiere

Die Fische kommen in Frankreich, wie in Deutschland, nicht nur aus dem Meer – Nordsee, Atlantik und Mittelmeer –, sondern auch aus Seen und Flüssen. Allerdings sind Süßwasserfische in Frankreich ebenfalls selten geworden. Es werden hauptsächlich Hechte und Forellen, Schleien und Neunaugen gegessen. Dennoch ist insgesamt die Auswahl an Fischen, vergleicht man mit Deutschland, außerordentlich – dafür sorgen die drei Meeresküsten mit den unzähligen Fischsorten. Einiges davon ist auch bei uns in guten Feinkostgeschäften erhältlich, die typischen Mittelmeerfische, wie sie für eine Bouillabaisse unerläßlich sind, bekommt man dagegen kaum – vielleicht in Restaurants, die sich entsprechendes Getier einfliegen lassen. Wir haben die Fischgerichte dieses Kapitels so gewählt, daß sie mit dem Angebot aus deutschen Fischgeschäften und Tiefkühltruhen bereitet werden können.

Langusten sind auch in Frankreich sehr teuer (in diesem Kapitel daher nur mit einem Rezept vertreten). Mies- oder Pfahlmuscheln dagegen ziemlich preiswert (mehr darüber im Kasten auf Seite 57). An französischen Austern bekommt man bei uns die Bélons, die Arcachons und die Marennes. Austern und Muscheln werden meist als Vorspeise serviert, doch kann man aufwendigere Gerichte wie etwa die überbackenen Jakobsmuscheln (Rezept Seite 54) auch sehr gut anstelle eines Fischgangs reichen.

Matelote à la normande

Normannisches Fischragout

Eine Matelote ist ein Fischragout. Mit den *matelots*, den Matrosen, haben diese Gerichte nur die Verbindung mit dem Meer gemeinsam. Denn soviel Mühe, wie die Matelote erfordert, hat sich dieser Berufsstand mit einer Mahlzeit gewiß nie gemacht. Der Pfiff einer Matelote liegt in der Zusammenstellung der verschiedenen Fischsorten.

Zutaten für 4 Personen:
20 Mies(Pfahl)muscheln • 150 g Butter • 6 Zwiebeln • 1 Bund Petersilie mit langen Stengeln • 1 Teel. feiner weißer Pfeffer • 1 Glas trockener Weißwein • 1 Teel. Salz • 1 Scholle oder 500 g Steinbutt • 1 Glas Apfelwein oder Cidre • 200 g Krevetten oder Garnelen • 1 Eßl. Mehl • 1/10 l saure Sahne extra • Saft von 1 Zitrone

• Die Muscheln vorbereiten, wie im Kasten auf Seite 57 beschrieben. In einem großen, niedrigen Topf 30 g Butter schmelzen lassen und 1 geschälte, fein gehackte Zwiebel darin glasig werden lassen. Die Petersilienstengel – die Blätter werden später gebraucht –, 1/2 Teel. Pfeffer und den Wein zugeben und aufkochen lassen. Die Muscheln hineingeben und zugedeckt bei starker Hitze 5–6 Minuten kochen lassen. Die geöffneten Muscheln mit einem Schaumlöffel herausnehmen und in einer Schüssel zugedeckt aufheben.
• Den durchgesiebten Muschelsud auf die Hälfte einkochen lassen, 20 g Butter hineingeben und darin schmelzen lassen. Diesen Fond in eine Kasserolle gießen, die so groß sein muß, daß die Fischstücke darin Platz haben. Die restlichen 5 Zwiebeln schälen und in dünne Scheiben schneiden. In einer anderen Kasserolle 50 g Butter erhitzen und die Zwiebelscheiben darin bei milder Hitze in etwa 10 Minuten hellbraun werden lassen. 1/2 Teel. Salz und die fein gehackten Petersilienblätter zugeben. Diese Mischung in die Kasserolle gießen.
• Die Scholle filieren (Steinbutt von der Mittelgräte lösen), den Fisch in große Stücke schneiden und in die Kasserolle mit dem Muschelsud legen. Den Apfelwein mit derselben Menge Wasser verdünnen und über die Fischstücke gießen, mit dem restlichen Salz und dem restlichen Pfeffer würzen. Zum Kochen bringen, dann zugedeckt im vorgeheizten Backofen 20 Minuten bei mittlerer Hitze ziehen lassen.
• Die Krevetten kalt abspülen und in leicht gesalzenem Wasser 5 Minuten pochieren. Abgießen und abtropfen lassen.
• Etwa 10 Minuten vor dem Anrichten die restlichen 50 g Butter mit dem Mehl verkneten. Die Kasserolle aus dem Ofen holen, die Fischstücke herausnehmen und den Butter-Mehl-Kloß mit dem Schneebesen unter die Sauce schlagen. Weiterschlagen, bis die Sauce dick wird. Die saure Sahne und den Zitronensaft unterrühren, Fischstücke, Krevetten und ausgelöste Muscheln in die Sauce geben und alles gut heiß werden lassen.

Beilage: Pellkartoffeln mit Butter, Erbsen. Als Getränk Weißwein.

Unser Tip: Sie können dieses Gericht variieren, indem Sie andere Fische wählen. Gut geeignet sind, in beliebiger Zusammenstellung, Aal, Makrele, Schellfisch, Knurrhahn oder auch Goldbarsch. Manche französischen Restaurants verwenden neben den frischen auch geräucherte Fische im Verhältnis zwei zu eins.

Truites aux amandes

Gebratene Forellen in Mandelbutter

Wie bei uns sind auch in Frankreich Forellen fast immer Zucht-, also Regenbogenforellen (man erkennt sie an den farbigen Punkten an der Schwanzflosse). Gelegentlich bekommt man auch noch Bachforellen. Für dieses Gericht genügen jedoch Zuchtforellen.

Zutaten für 4 Personen:
4 Forellen, frisch oder tiefgekühlt • 1/8 l Milch • 1 Teel. Salz • 3 Eßl. Mehl • 100 g Butter • 30 g Mandelspäne • 2 Eßl. Pernod • 4 kleine Lorbeer-

blätter • Zitronenschnitze und Petersilie für die Garnitur

• Frische Forellen waschen, tiefgekühlte antauen lassen, dann innen und außen kalt abspülen.
• Die Milch mit dem Salz verquirlen. Die Forellen in eine flache Schüssel legen, mit der Milch übergießen und 2 Stunden darin liegen lassen. (Tiefgekühlte Forellen tauen in dieser Zeit ganz auf.) Dann herausnehmen und in dem Mehl wenden, bis sie trocken sind.
• In einer großen Bratpfanne 75 g Butter erhitzen und die Forellen darin von jeder Seite 5 Minuten braten. Sie sollen hellbraun sein. Auf einer gewärmten Platte im geheizten Backofen bei halb geöffneter Tür warm stellen.
• Die Mandelspäne im Bratfett hell bräunen, die restliche Butter und den Pernod unterrühren und alles über die angerichteten Forellen gießen. In den Bauch jeder Forelle ein Lorbeerblatt stecken. Die Platte mit den Zitronenschnitzen und der Petersilie garnieren.

Beilage: Kopfsalat, Reis oder Weißbrot.

Unser Tip: Der Pernod, ein südfranzösischer Anislikör, bedeutet eine Anlehnung an die Küche der Provence.

Quenelles de brochet

Hechtklößchen ländliche Art

Die berühmten Hechtklößchen der Hausfrauen in und um Dijon sind inzwischen so populär geworden, daß sie überall zubereitet werden, auch in ausländischen Restaurants; sogar die Konservenindustrie bietet sie in Dosen an. Trotzdem sollte man sich selbst einmal daran versuchen. Das nachstehende Rezept wird Ihnen sicher gefallen.

Zutaten für 4 Personen:
1 kg Hechtfleisch (Flußfisch, nicht Seehecht!) • 1 Zwiebel • $^1/_4$ l Weißwein • 1 Lorbeerblatt • 4 Eier • 1 Teel. Salz • 1 Teel. feiner weißer Pfeffer 1 Prise Muskat • 150 g Butter • 1 Tasse Milch • 100 g Mehl

• Den Fisch kalt abspülen, evtl. die dunkle Haut im Bauch abschneiden, die Haut abziehen und die Gräten herauslösen. Dazu mit einem schmalen Messer an den Gräten entlang schneiden. Die Gräten und die Haut zusammen mit der geschälten Zwiebel, dem Wein und dem Lorbeerblatt 40 Minuten lang kochen. Die Flüssigkeit soll auf etwa die Hälfte eingekocht sein. Durch ein Sieb gießen.
• Das Fischfleisch in Stücke zerschneiden und im Elektromixer fein pürieren. Sollte das nicht schnell gehen, 2–3 Eiswürfel zufügen, weil das Fischfleisch beim Zerkleinern nicht warm werden darf.
• Die Eier in Eigelb und Eiweiß trennen. Die Eiweiße zu steifen Schnee schlagen, das Fischmus zugeben und weiterschlagen, bis die Masse schaumig wird. Mit dem Salz, dem Pfeffer und dem Muskat abschmecken. Für 30 Minuten in den Kühlschrank stellen.
• Die Butter schmelzen lassen. Die Hälfte davon mit der Milch aufkochen, das Mehl dazusieben und mit einem Holzspatel zu einem dicken Kloß verrühren. Aus dem Topf nehmen und abkühlen lassen. Dann den Teig in den Elektromixer geben und die Eigelbe sowie die Fischmasse nach und nach zugeben, damit der Teig alles aufnehmen kann. Zuletzt die restliche flüssige Butter dazugießen und darunterarbeiten.
• Den Grätensud mit 1–2 Tassen Wasser aufgießen (die Klößchen müssen darin schwimmen können) und erhitzen. Aus der Hechtmasse mit nassem Eßlöffel Klößchen ausstechen und im Sud 15 Minuten pochieren. Nicht kochen lassen! Die fertigen Klößchen mit dem Schaumlöffel herausnehmen und anrichten.

Beilage: Sauce hollandaise, mit Hummermark verrührt, Reis.

L'Anguille à la tartare

Aal auf Tatarenart

Madame Joriaux verwendet oft frische, oder wie wir auch sagen, »grüne« Aale. Die mühsamen Vorbereitungen – das Töten, Ausnehmen und Häuten – nimmt ihr der Fischhändler ab. Aale schmecken vortrefflich, ganz gleich, welche Zubereitungsart man wählt. Hier folgt ein Gericht, das etwas aus dem Rahmen des üblichen fällt.

Zutaten für 4 Personen:
½ Flasche trockener Weißwein • 2 Zwiebeln • 1 Karotte • 1 Zweig Thymian • ½ Lorbeerblatt • 1 Bund Petersilie • 2 Knoblauchzehen • 2 Gewürznelken • 1 Teel. schwarze Pfefferkörner • 2 Teel. Salz • 2 mittelgroße, ausgenommene und enthäutete Aale • 50 g Butter • 1 Eßl. Mehl • 1 Eigelb • 1 Tasse Semmelbrösel • 1 Ei • 1 l Öl zum Fritieren.
Für die Sauce:
2 Schalotten • 1 Zweig Kerbel • 1 Zweig Estragon
1 Teel. milder, aber nicht süßer Senf • 1 Teel. Salz
½ Teel. feiner weißer Pfeffer • 2 Eßl. Essig •
4 Eßl. Öl

• Den Wein in einer Kasserolle zum Kochen bringen. Die Zwiebeln schälen und in dünne Scheiben schneiden, die Karotte putzen und ebenfalls in Scheibchen schneiden. Beides mit dem Thymian, dem Lorbeerblatt, der Petersilie, den geschälten Knoblauchzehen, den Gewürznelken, den Pfefferkörnern und dem Salz in den kochenden Wein geben und 10 Minuten kochen lassen.

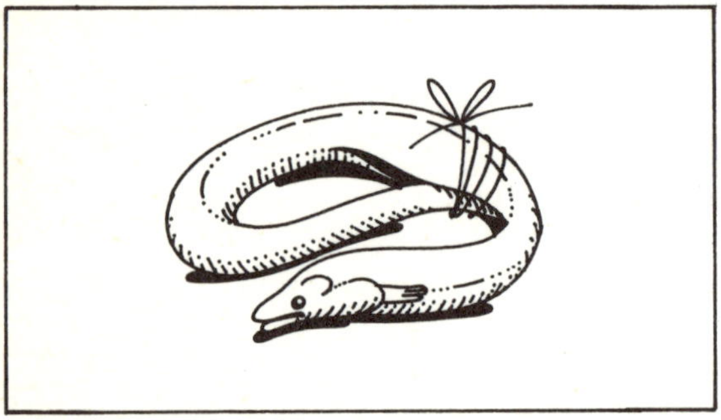

Der Schwanz des Aals wird in die Bauchöffnung gesteckt und mit Küchengarn festgebunden.

• Den Schwanz der Aale in die Bauchöffnung stekken, so daß ein Kreis entsteht, und mit Küchengarn festbinden. Die Aale in den Weinsud legen und bei milder Hitze 20 Minuten pochieren. Dann vorsichtig herausnehmen, damit sie nicht zerbrechen.

• In einer anderen Kasserolle die Butter schmelzen lassen, das Mehl zugeben, unter Rühren hell anschwitzen und mit 1 Schöpflöffel Fischsud aufgießen. Die Sauce etwas einkochen lassen, von der Kochstelle nehmen und das Eigelb mit dem Schneebesen unterziehen. Mit dieser Paste die Aale bestreichen und sofort in den Semmelbröseln wenden, damit eine Kruste entsteht. Das ganze Ei mit 4 Eischalen kaltem Wasser verquirlen, die Aale eintauchen und nochmals in den Semmelbröseln wenden. Das Öl sehr heiß werden lassen und die Aale darin nacheinander goldbraun ausbacken.

• Für die Sauce die Schalotten schälen und mit den gewaschenen Kerbel- und Estragonblättern sehr fein hacken oder im Elektromixer zerkleinern. Die Masse in einer Schüssel mit dem Senf, dem Salz, dem Pfeffer, dem Essig und dem Öl verrühren. Madame Joriaux nimmt mehr Öl als hier angegeben, nämlich so viel als die Sauce aufnimmt, ohne daß Öl auf der Oberfläche stehenbleibt. Vielen Leuten ist das aber zu fett.

Beilage: Weißbrot oder Reis.

Sardines au vin blanc

Sardinen in Weißweinsauce

Frische Sardinen schmecken feiner als Heringe und weniger aufdringlich als Makrelen. Außerdem sind sie weniger fett. Sie müssen allerdings aus sauberem Meereswasser stammen und ganz frisch sein. Für die französische Hausfrau ist das kein Problem. Aber auch in anderen Ländern werden frische und vor allem tiefgekühlte Sardinen angeboten.

Zutaten für 4 Personen:
5 Schalotten • 1 Glas trockener Weißwein • 1 Eßl. Zitronensaft • 1/2 Lorbeerblatt • 1 Teel. Salz • 1 Teel. feiner weißer Pfeffer • 16 mittelgroße oder 12 große Sardinen • 2 Eßl. Mehl • 2 Eßl. Butter

• Die geschälten, fein gehackten Schalotten in einer Kasserolle zusammen mit dem Weißwein, dem Zitronensaft, dem Lorbeerblatt, dem Salz und dem Pfeffer zum Kochen bringen. So lange kochen lassen, bis die Schalotten glasig sind.
• Die Sardinen ausnehmen, kalt waschen, mit Küchenkrepp trockentupfen und in dem Mehl wenden. Die Butter in einer großen Pfanne heiß werden lassen und die Fische darin auf beiden Seiten goldbraun braten.
• Die Weißweinsauce in die Pfanne gießen und einmal aufkochen lassen. Die Sardinen mit der Sauce auf einer vorgewärmten Platte anrichten und sofort servieren.

Beilage: Weißbrot. Als Getränk den gleichen Weißwein, der für die Sauce verwendet wurde.

Unser Tip: Sardinen lassen sich auch anders zubereiten. Die häufigste Zubereitungsart ist das Backen im Fett-Topf, nachdem die Fische in Backteig getaucht wurden. Dazu paßt Tatarensauce oder Remoulade. Oder man grillt die Sardinen am Spieß und serviert dazu bunten Salat.

Sardines à l'oseille

Sardinen im Sauerampfermäntelchen

Dieses Gericht paßt für eine Mahlzeit im Frühjahr, wenn es jungen Sauerampfer gibt. Die Säure des Sauerampfers verträgt sich sehr gut mit dem Fleisch der Fische. Zum Essen muß das Sauerampferblatt nicht abgewickelt werden, denn die Sardinen sind ja entgrätet. Madame Joriaux serviert dieses Frühlingsgericht am liebsten, wenn gute Freunde zu Besuch kommen; dann darf man nämlich die Sardinen einfach mit den Händen essen.

Zutaten für 4 Personen:
1 kg frische, kleine Sardinen • so viele Sauerampferblätter als Sardinen • 1 Zwiebel.
Für die Marinade:
5 Eßl. Olivenöl • 1/10 l Weißwein • 1 Teel. feiner weißer Pfeffer • 1 Teel. Salz • 1 gestrichener Eßl. fein gehackte frische Kräuter, darunter wilder Majoran, Bohnenkraut und Rosmarin

• Die Sardinen schuppen und ausnehmen, den Kopf abschneiden und mit ihm die Mittelgräte herausziehen. Die Fische 1 Stunde lang in kaltes Wasser legen.
• Die Sauerampferblätter waschen und abtropfen lassen. Die Zwiebel schälen und fein würfeln und den Boden einer feuerfesten Form damit bestreuen. Die Sardinen trockentupfen und jeden Fisch in ein Sauerampferblatt wickeln. Die Fische dicht nebeneinander auf die Zwiebelwürfel legen.

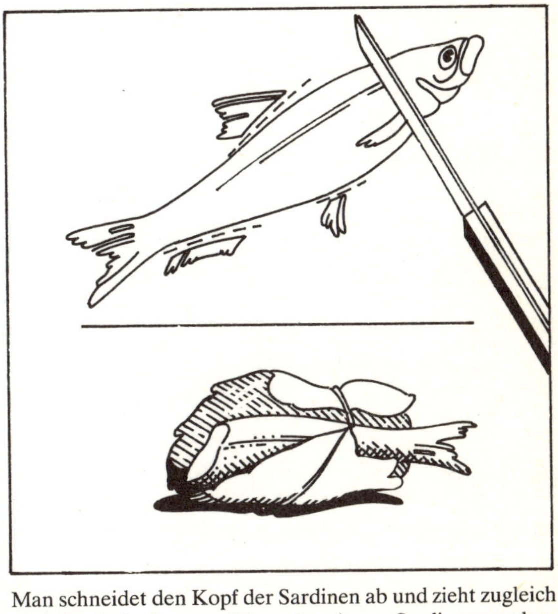

Man schneidet den Kopf der Sardinen ab und zieht zugleich die Mittelgräte heraus. Die vorbereiteten Sardinen werden in jeweils 1 Sauerampferblatt gewickelt.

• Aus den Zutaten für die Marinade eine Sauce rühren und die Fische damit übergießen. Zugedeckt im vorgeheizten Backofen bei 220° 20 Minuten garen. Im ausgeschalteten Ofen noch 10 Minuten nachziehen lassen.
• In der Form servieren.

Beilage: körnig gekochter Reis, Gurken- oder Kopfsalat.

Saumon du Rhin au court-bouillon

Rheinsalm in Court-Bouillon

Allen pessimistischen Vorhersagen zum Trotz gibt es den Rheinsalm immer noch – in den Seitenarmen des großen Flusses im Badischen und im Elsaß. Aber natürlich können Sie auch Salm kaufen, der aus anderen Teilen der Welt kommt. Das nachfolgende Rezept stammt aus dem Elsaß. Der passendste Wein für die Bouillon wäre also ein trockener elsässischer Wein, ein Riesling oder Edelzwicker.

Zutaten für 4 Personen:
1½ kg Rheinsalm • Salz • 2 Eßl. Essig • 1 l Weißwein (trocken) • 2 Zwiebeln • 2 Gewürznelken • 1 Karotte • ½ Sellerieknolle • 1 kleine Porreestange 1 Bund Petersilie • 12 Pfefferkörner • einige Stengel Thymian • ½ Zitrone

• Den Salm gut schuppen und dann kalt abspülen. 2 l Salzwasser mit dem Essig und dem Weißwein vermischen. Die geschälten, mit den Nelken besteckten Zwiebeln, die geputzte Karotte, die geschälte Sellerieknolle, die geputzte Porreestange, die Petersilie, den Pfeffer, den Thymian und den Saft der halben Zitrone zugeben. Alles zum Kochen bringen und eine Stunde kochen lassen. Dann die Bouillon durch ein Haarsieb gießen.

Court-bouillon

Wörtlich übersetzt heißt court-bouillon »kurze« Bouillon. In der französischen Küche ist das ein Fachausdruck für eine aromatische Flüssigkeit, wie man sie hauptsächlich zum Garen von Fischen verwendet.

Das »kurz« steht hier für »knapp bemessen«, für »wenig im Vergleich zur Trinkbouillon«. Der Fisch soll in der court-bouillon nicht etwa schwimmen, ja, nicht einmal von ihr bedeckt sein. Wichtig ist nämlich, daß die Gewürze der court-bouillon sich während der Garzeit dem Fisch mitteilen. Das geschieht beim Verdunsten der Flüssigkeit im geschlossenen Topf.

Eine court-bouillon besteht aus mit Wasser verdünntem Weißwein, Salz, grob gemahlenem weißem Pfeffer, Zwiebelscheiben (noch besser Schalottenscheiben), bei Seefisch auch etwas Lorbeerblatt, 1 Prise Zucker, Champignonscheiben und Butter.

Nach beendeter Garzeit ist mehr Flüssigkeit im Topf, weil aus dem Fisch Saft ausgetreten ist. Diese Flüssigkeit kann man abseihen, einkochen lassen und für eine gebundene Fischsauce verwenden oder gleich wie Sauce zum Fisch essen.

• Den Salm in die Bouillon legen und bei milder Hitze 40 Minuten lang garen lassen. Er wird ungeteilt in der Court-Bouillon serviert. Die Bouillon kann wie Sauce dazu gegessen werden.

Beilage: kleine Butterkartoffeln, Kopfsalat.

Turbot au gratin

Überbackener Steinbutt

Statt des Steinbutts kann man auch Heilbutt verwenden. Die französische Hausfrau zieht allerdings das festere – und edlere – Fleisch des Steinbutts mit seinem unverwechselbaren Geschmack vor.

Zutaten für 4 Personen:
500 g Steinbuttfilet • 60 g Butter • 1 Zwiebel • 1 Zweiglein Thymian oder 1 Messerspitze getrockneter Thymian • 1 Lorbeerblatt • knapp $^1/_2$ Flasche trockener Weißwein • 2 Eßl. Mehl • 100 g Champignons aus der Dose • $^1/_8$ l Sahne • 1 $^1/_2$ Teel. Salz • 1 Teel. feiner weißer Pfeffer • $^1/_2$ Zitrone • 35 g geriebener Käse

• Den Fisch waschen, trockentupfen und mit 1 Teel. Salz einreiben. Eine feuerfeste Form mit 10 g Butter ausstreichen und den Fisch hineinlegen. Die geschälte, fein gehackte Zwiebel, den Thymian und das Lorbeerblatt zugeben und den Weißwein angießen. Die Form mit Alufolie verschließen und den Fisch im vorgeheizten Backofen bei mittlerer Hitze 30 Minuten garen lassen. Dann den Fisch herausnehmen und warm stellen. Den Sud durchsieben.
• In einer Kasserolle 40 g Butter schmelzen lassen, das Mehl einrühren und 2 Minuten lang anschwitzen. Mit dem Fischsud aufgießen und die Sauce unter ständigem Rühren 10 Minuten lang kochen lassen. Dann die Kasserolle von der Kochstelle nehmen und die Champignons – sehr kleine ganz, größere geviertelt – sowie die Sahne zugeben. Mit dem restlichen Salz, dem Pfeffer und dem Saft der Zitrone abschmecken.
• Die feuerfeste Form auswaschen und mit der restlichen Butter ausstreichen. Den Fisch hineinlegen und mit der Sauce übergießen. Er muß vollständig damit bedeckt sein. Den Käse aufstreuen und das Gericht im vorgeheizten Backofen bei starker Hitze 10 Minuten gratinieren.

Beilage: Salzkartoffeln, grüner Salat.

Pain de saumon

Lachsbrot

»Brot« bezieht sich nur auf die äußere Form des Gerichts. Es handelt sich beim Lachsbrot um eine Pastete, die im Wasserbad gegart und kalt oder warm gegessen wird. Köstlich für eine Feiertagstafel und zudem praktisch, weil man das Lachsbrot schon einen oder zwei Tage vorher zubereiten kann. Nur die Sauce muß dann noch gerührt werden.

Zutaten für 4 Personen:
Salz • 275 g Butter • 75 g Mehl • 500 g frisches Lachsfilet • 1 Teel. weißer Pfeffer • 1 Messerspitze Muskat • 2 ganze Eier • 4 Eigelbe.
Für die Sauce:
Fischgräten und -köpfe • 500 g frische Champignons • 1 Teel. Salz • 1 Teel. weißer Pfeffer • 280 g Butter • 2 Eigelbe • 4 Eßl. Sahne • 2 Zitronen • 50 g Mehl

• Zuerst den Sud für die Sauce kochen: Fischköpfe und -gräten kalt abspülen. In $^1/_2$ l Wasser aufkochen lassen, abschäumen, dann ohne Deckel kochen lassen, bis die Flüssigkeit auf $^1/_2$ Tasse eingekocht ist. Durchsieben, beiseite stellen.
• In einer kleinen Kasserolle einen Brandteig bereiten: Dazu $^1/_{10}$ l Wasser mit 1 Prise Salz und 25 g Butter aufkochen lassen, die Kasserolle von der Kochstelle nehmen, das Mehl einrühren und mit einem Holzspatel zu einem Kloß verarbeiten. Die Kasserolle wieder auf den Herd stellen und den Teigkloß so lange rühren, bis er geschmeidig ist. Den Kloß auf eine gebutterte Platte oder ein Stück Pergamentpapier legen.

• Den Lachs entgräten, wenn das nicht schon beim Händler geschehen ist. Das Lachsfleisch in Würfel schneiden und im Mörser zerstoßen (oder in einer Schüssel mit dem Stiel eines Holzlöffels oder im Mixer mit etwas Wasser pürieren). Es soll ein Mus entstehen. 1 Teel. Salz, den Pfeffer und den Muskat unterrühren. Den Brandteig und die restlichen 250 g Butter zugeben und wieder gründlich zerstoßen oder im Mixer geschmeidig werden lassen. Nach und nach die ganzen Eier und die Eigelbe unterziehen. Die Mischung durch ein Haarsieb streichen und kühl stellen.
• Wenn das Lachsbrot warm serviert werden soll: 45 Minuten vor dem Servieren die Fischmasse in eine gebutterte Kastenform füllen, diese in ein Wasserbad stellen und in den vorgeheizten Backofen schieben. Das Lachsbrot 35 Minuten bei 250° garen. Danach noch 10 Minuten im Wasserbad stehen lassen.
• Für die Sauce die Champignons putzen, kalt abspülen und in Scheiben schneiden. Die Pilze in einer Kasserolle mit dem Salz, ½ Teel. Pfeffer, ½ Tasse Wasser und 30 g Butter zum Kochen bringen und zugedeckt 10 Minuten poëlieren (siehe Kasten Seite 20).
• In einer zweiten Kasserolle die Eigelbe mit der Sahne, dem Saft der Zitronen und dem restlichen Pfeffer verrühren.
• In einer dritten Kasserolle 50 g Butter zerlaufen lassen, das Mehl darin anschwitzen und mit dem Fischsud aufgießen.
• Die zweite Kasserolle auf den Herd stellen und unter kräftigem Schlagen mit dem Schneebesen 5 Eßl. der Mehlschwitze aus der dritten Kasserolle unterrühren. Die Hitze höherstellen und die Champignons mit der Kochflüssigkeit zugeben. Einmal aufkochen lassen.
• Die Kasserolle von der Kochstelle nehmen und die restlichen 200 g Butter in kleinen Stücken nach und nach mit dem Schneebesen unterschlagen. Evtl. mit Zitronensaft nachwürzen.
• Das Lachsbrot aus der Form stürzen und auf einer vorgewärmten Platte anrichten. Einen Teil der Sauce darübergießen, den Rest gesondert in einer Sauciere reichen.

Beilage: Reis oder Toast, grüner oder Gurkensalat.

Unser Tip: Sie können das Rezept mit anderen Fischsorten variieren. Sehr gut schmeckt Seezunge oder Makrele. Man kann auch einen Teil des frischen Fisches durch Räucherfisch ersetzen.

Cabillaud boulonnais

Kabeljau nach Art der Küstenstädte

Bild Seite 56.

Boulogne ist ein bedeutender Seefischhafen. Dieses Gericht ist charakteristisch für die dortige Küche. Den Kabeljau können Sie notfalls durch einen anderen Seefisch ersetzen, nicht verzichten können Sie jedoch auf die Muscheln und irgendeine der übrigen Zutaten.

Zutaten für 4 Personen:
1,5 kg Kabeljau • Saft von 1 Zitrone • Salz nach Geschmack • 1 kg Miesmuscheln • ½ Tasse Champignonstiele • ½ Tasse Zwiebelwürfel • ½ Lorbeerblatt • 10 Pfefferkörner • ½ Tasse weißer Burgunder • 1 Tasse Crevetten • 1 Tasse Champignonscheiben • 50 g Butter • 1½ Eßl. Mehl • ½ Tasse Sahne • 2 Eier

• Den Fisch schuppen, waschen, in Portionsscheiben schneiden, mit Zitronensaft beträufeln und salzen. 15 Minuten lang liegen lassen. Dann in schwach gesalzenem Wasser in 20 Minuten bei kleinster Hitzeeinstellung gar ziehen lassen. Die Fischscheiben dachziegelartig übereinander auf eine vorgewärmte Platte legen und warm stellen.
• Während der Fisch gart, die Muscheln vorbereiten: Unter fließendem kalten Wasser gründlich bürsten, mit den Champignonstielen, den Zwiebelwürfeln, dem Lorbeerblatt, den Pfefferkörnern und Salz zugedeckt im Weißwein kochen, bis sich alle Schalen geöffnet haben. Das Muschelfleisch herausholen, auf die Fischscheiben verteilen und die Krevetten sowie die Champignonscheiben darüberstreuen.

• Die Butter erhitzen und das Mehl darin hell anschwitzen. Mit dem durchgesiebten Muschelsud aufgießen, aufkochen lassen. Die Sauce von der Kochstelle nehmen, die Sahne und die verquirlten Eier zugeben. Die Fischscheiben mit der Sauce überziehen.

Beilage: Butterkartoffeln mit gehacktem Dill, Kopfsalat.

Soufflé de sole

Seezungen mit Schaumbrot gefüllt

Die französischen Kochbücher sind voll von Seezungengerichten. Man hat den Eindruck, daß die Seezunge Frankreichs Lieblingsfisch ist. Sie ist aber auch ein feiner, festfleischiger Fisch von bestem Geschmack, allerdings nicht billig. Versuchen Sie einmal statt der bekannten Zubereitungsarten – nach Müllerinart, in Zitronenbutter gebraten oder als Röllchen in Weißwein gedünstet – dieses Soufflé. Es eignet sich besonders gut für eine Einladung.

Zutaten für 4 Personen:
Für die Sauce:
20 g Butter • 2 Eßl. Mehl • 1 knappe Tasse Milch • 1 Messerspitze Cayennepfeffer.
Für das Soufflé:
750 g frische Champignons • $1^1/_2$ Zitronen • 400 g Butter • Salz • 200 g Goldbarschfilet • 6 Eier • 1 Teel. feiner weißer Pfeffer • 4 Seezungen • 5 Schalotten • 1 Flasche sehr trockener Weißwein • 1 Tasse Sahne

• Für die Béchamelsauce die Butter in einer kleinen Kasserolle schmelzen lassen, das Mehl zugeben und 3 Minuten lang anschwitzen. Nicht bräunen lassen! Die Milch angießen und die Sauce weiterrühren, bis sie dick wird. Mit dem Pfeffer würzen. Dann bei ganz milder Hitze 10 Minuten lang weiterkochen lassen.

• Die Hälfte der Champignons putzen und in Streifen schneiden und mit $^3/_{10}$ l Wasser, dem Saft von $^1/_2$ Zitrone, 30 g Butter und $^1/_2$ Teel. Salz in einem kleinen Topf zugedeckt bei großer Hitze 5 Minuten schmoren. Dann die Champignons zum Abtropfen auf ein Sieb schütten und den Fond auffangen.

• Die Fischfilets in Stücke schneiden und zusammen mit $^1/_2$ Tasse Wasser im Elektromixer pürieren.

• Die restlichen Champignons putzen und zerschneiden und zusammen mit dem pürierten Fisch, 3 Eßl. Béchamelsauce und 2 Eigelben im Elektromixer pürieren. Die Mischung in eine Schüssel umleeren und mit Salz und Pfeffer abschmecken. 3 Eiweiße zu steifem Schnee schlagen und unter die Fischmasse ziehen.

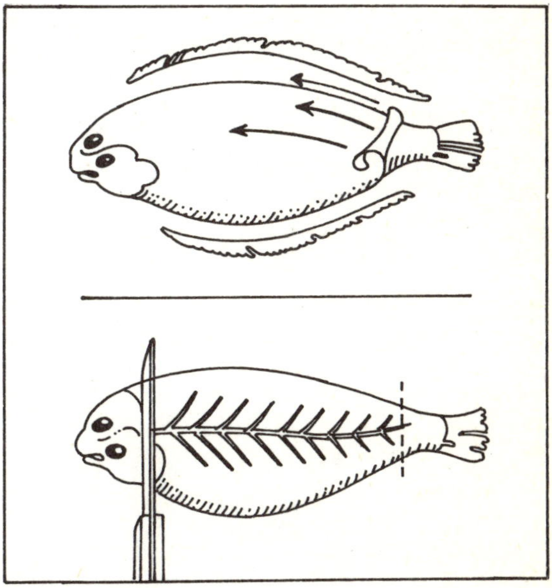

So wird die Seezunge vorbereitet: die Haut – in Pfeilrichtung – abziehen und den Kopf abtrennen.

• Die Seezungen putzen: die Haut abziehen, den Kopf abtrennen und mit einem scharfen Messer entlang der Mittelgräte eine Öffnung in den Rücken schneiden. Mit einem schmalen, biegsamen Messer die beiden Filets sehr vorsichtig von der Mittelgräte abheben, aber nicht aufreißen lassen. Die Mittelgräten jeweils an Kopf- und Schwanzende anbrechen,

Soupe marseillaise.
Rezept Seite 43.
Vorbereiten der Fische. Das geputzte Gemüse kommt in den Suppentopf. Zuletzt werden die Muscheln zugegeben.

damit man sie später beim Servieren leicht herausziehen kann. Die durch das Einschneiden entstandene Tasche salzen und pfeffern und mit der Schaummasse füllen.

• Eine feuerfeste Form ausbuttern. Die Schalotten schälen, grob zerschneiden und damit den Boden der Form bestreuen. Die Seezungen darauflegen. Die gedünsteten Champignons darüberstreuen. Den Champignonsaft mit dem Weißwein vermischen und über die Seezungen gießen. Die Form mit Pergamentpapier abdecken und in den auf 200° vorgeheizten Backofen schieben. Die Seezungen 20 Minuten garen, dann auf eine vorgewärmte Platte gleiten lassen und das Pergament wieder darüberdekken, damit die Oberfläche nicht trocken wird. Warm stellen. Den Fond in eine kleine Kasserolle gießen und auf $\frac{3}{4}$ der ursprünglichen Menge einkochen lassen. 4 Eigelbe und die Sahne unter diese Sauce quirlen und die restliche Butter mit dem Schneebesen unterschlagen. Nicht mehr kochen lassen! Unmittelbar vor dem Servieren die Seezungen mit dieser Sauce überziehen.

Beilage: Reis, Kopfsalat, Spargel oder Schwarzwurzeln.

Coquilles St-Jacques gratinées

Überbackene Jakobsmuscheln

Die großen Jakobsmuscheln sind die Supermuscheln der französischen Küche. Sie werden auch, tiefgefroren, in andere Länder exportiert. Frisch schmekken sie unvergleichlich, aber auch aufgetaut sind sie, bei richtiger Zubereitung, eine Delikatesse. Jakobsmuscheln sind ziemlich groß und recht fest im Fleisch, daher ausgiebig.

Zutaten für 6 Personen:
12 Jakobsmuscheln, frisch oder tiefgekühlt (= 1 Packung) • $\frac{3}{10}$ l Weißwein • 1 Zwiebel • 1 Schalotte • je 1 Stengel Petersilie und Estragon • 2 Teel. Salz • 1 Teel. feiner weißer Pfeffer aus der Mühle • 125 g Champignons, am besten frische • 100 g Butter • 1 Glas Cognac • $1\frac{1}{2}$ Eßl. Mehl • 2 Eßl. Semmelbrösel

• Frische Jakobsmuscheln zuerst gründlich waschen, dann in den leicht vorgeheizten Backofen legen; sie öffnen sich etwas, und man kann sie leicht aufbrechen. Das Muschelfleisch mit dem roten Rogen herauslösen, das Schwarze entfernen und das Muschelfleisch kalt abspülen. Die flache, untere Schale der Muschel wegwerfen, die tiefe, obere aufheben. (Tiefgekühlte Muscheln antauen lassen. Sie werden in den als Ragoutschalen käuflichen Schalen von Jakobsmuscheln überbacken und serviert).

• Den roten Rogen in eine Kasserolle legen, den Wein angießen und die Zwiebel und die Schalotte, beide geschält und fein gewürfelt, zugeben, ebenso die Kräuter, das Salz und den Pfeffer. Bei milder Hitze andünsten. Die geputzten, in Scheiben geschnittenen Champignons 10 Minuten mitdünsten. 40 g Butter zufügen. Die abgetropften Muscheln untermischen, den Cognac darübergießen, mit einem Streichholz anzünden und abbrennen lassen.

• 40 g Butter in einer Kasserolle schmelzen lassen, das Mehl einrühren und eine helle Mehlschwitze bereiten. Mit dem Fond aus der ersten Kasserolle aufgießen und zur Sauce verkochen. Dann die Sauce durch ein feines Sieb passieren.

• Die gedünsteten Zutaten unter die Sauce mischen und unter Rühren 5 Minuten erhitzen. Die Masse in die Muschelschalen füllen, die Semmelbrösel darüberstreuen und auf jede Muschel einige Flöckchen der restlichen Butter setzen. Im vorgeheizten Backofen bei starker Oberhitze leicht bräunen lassen. Sehr heiß servieren.

Beilage: Stangenweißbrot.

Moules marinières

Muscheln nach Matrosenart

Nach einem ähnlichen Rezept wie dem folgenden serviert man die »Austern des kleinen Mannes« auch im Rheinland.

Cabillaud boulonnais.
Rezept Seite 52.

Poissons, moules et crustacées
Fische, Muscheln, Krustentiere

Zutaten für 4 Personen:
2 kg Mies(Pfahl)muscheln • 1 Zwiebel • 1 Bund Petersilie mit möglichst langen Stengeln • 1 Zweiglein frischer oder 1 Prise getrockneter Thymian • 1 Lorbeerblatt • 12 schwarze Pfefferkörner • $^2/_{10}$ l trockener Weißwein • 1 große Schalotte • 75 g Butter • 2–3 Eßl. Semmelbrösel • Saft von 1 Zitrone

- Die Muscheln vorbereiten wie im Kasten unten beschrieben. Die gesäuberten Muscheln in einen großen, niedrigen Topf legen, die geschälte, geviertelte Zwiebel, die Petersilienstengel – die Blätter werden erst später gebraucht –, den Thymian, das Lorbeerblatt und die grob zerstoßenen Pfefferkörner zugeben und 2 Tassen Wasser angießen. Die Muscheln zugedeckt zum Kochen bringen und bei starker Hitze 5–6 Minuten kochen lassen. Dabei den Topf mehrmals rütteln.
- Die Muscheln über dem Topf aus den Schalen lösen, damit kein Saft verloren geht.
- Während die Muscheln kochen, die Sauce zubereiten: Den Wein und die geschälte, fein gehackte Schalotte in einer Kasserolle zum Kochen bringen und bei starker Hitze auf etwa $^2/_3$ der Menge einkochen lassen.
- Das Muschelkochwasser durch ein Haarsieb gießen, die Hälfte davon zum Wein geben und 1 Minute mitkochen lassen. Die Butter – in Flöckchen – und die Semmelbrösel mit dem Schneebesen unterrühren, so daß eine dickliche Sauce entsteht. Die Petersilienblätter fein hacken und mit dem Zitronensaft untermischen.
- Die ausgelösten Muscheln unterheben und alles in einer tiefen Schüssel anrichten.

Beilage: Graubrot. Als Getränk der gleiche Weißwein, der für die Sauce verwendet wurde.

Muscheln

Die bekannteste unter den vielerlei Muschelarten ist die Mies- oder Pfahlmuschel, kenntlich an der schwarzblauen Schale. Wichtig beim Muschelkauf ist die Frische der Ware. Die Muschelschalen müssen fest geschlossen sein, leicht geöffnete müssen sich bei der leisesten Berührung sofort schließen. Französische Hausfrauen prüfen die Frische der Ware, indem sie eine Muschel zwischen Daumen und Zeigefinger nehmen und mehrmals hin und her reiben. Bleibt die Muschel geschlossen, ist sie wirklich frisch.

Muscheln müssen sehr gründlich gereinigt werden. Man bürstet sie unter fließendem kaltem Wasser, oder man legt sie in eine große Schüssel mit Wasser und reibt sie gegeneinander. Längere Zeit soll man sie jedoch nicht im Wasser liegen lassen, weil sie sich sonst öffnen und das kostbare Meerwasser verloren geht. Zuletzt schneidet man mit einem Messer die Byssusfäden ab.

Zum Kochen gibt man die Muscheln in einen Topf mit breiter Oberfläche. Länger als 8 Minuten brauchen sie nicht zum Garwerden, kocht man sie länger, werden sie hart und zäh. Immer mit starker Hitze kochen! Während der Kochzeit rüttelt man den geschlossenen Topf mehrmals, damit die Muscheln gleichzeitig gar werden. Werden gekochte Muscheln weiterverarbeitet, so darf man nur sehr vorsichtig umrühren, damit das Muschelfleisch nicht zerfällt.

Crêpes aux langoustes

Pfannkuchen mit Langustenfüllung

Bei einem festlichen Menü muß die Vorspeise natürlich in den Rahmen passen. Andererseits soll die Vorbereitungszeit nicht zu lang sein, damit die Hausfrau nicht vollständig abgehetzt ist, wenn die Gäste erscheinen. Man wählt also am besten solche warmen Vorspeisen aus, die bereits am Tag zuvor – wenigstens zum Teil – vorbereitet werden können und vor der Mahlzeit nur noch überbacken, überflämmt oder einfach gewärmt zu werden brauchen. Hier ist ein solches Gericht: Die Füllung wird am Vortag bereitet, die Crêpes allerdings sollten frisch scin.

Zutaten für 6 Personen (die Menge ergibt 12 kleine Pfannkuchen):
Für die Pfannkuchen:
250 g Mehl • 2 Eier • 1/4 l Milch • 2 Eßl. Öl • 1 Teel. Salz • 30 g Butter.
Für die Füllung:
600 g Langustenfleisch • 50 g Butter • 300 g Champignons • 1 Trüffel, in Cognac eingelegt • 1/2 l Crème double oder Sahne extra • 4 Eßl. Béchamelsauce, 1 Teel. Salz, 1 Teel. feiner weißer Pfeffer 1 Messerspitze Cayennepfeffer • 60 g geriebener Parmesan

• Für die Pfannkuchen das Mehl in eine Schüssel sieben, nacheinander die Eier und dann die Milch unterrühren. Den Teig mit einem Holzlöffel so lange schlagen, bis er Blasen wirft. Sollte der Teig zu fest werden, etwas Milch oder Wasser zugießen. Dann Salz, Pfeffer und Öl zugeben und den Teig im Kühlschrank 40 Minuten ruhen lassen.
• In einer Omelettepfanne eine kleine Kugel Butter heiß werden lassen. Mit einem kleinen Schöpflöffel etwas Teig in die Mitte setzen und die Pfanne schwenken, so daß sich der Teig über den ganzen Boden verteilen kann. Dadurch werden die Crêpes ganz dünn. Aus dem Teig nach und nach 12 dünne Pfannkuchen backen. Die fertigen Crêpes auf einem Teller stapeln.
• Für die Füllung das Langustenfleisch zerzupfen. In einer Kasserolle 30 g Butter zerlaufen lassen und das Langustenfleisch, die geputzten, geviertelten Champignons und den in dünne Scheiben gehobelten Trüffelpilz hineingeben. Bei starker Hitze 2–4 Minuten schmoren lassen.
• Die Crème double mit der Béchamelsauce, dem Salz und dem Pfeffer vermischen.

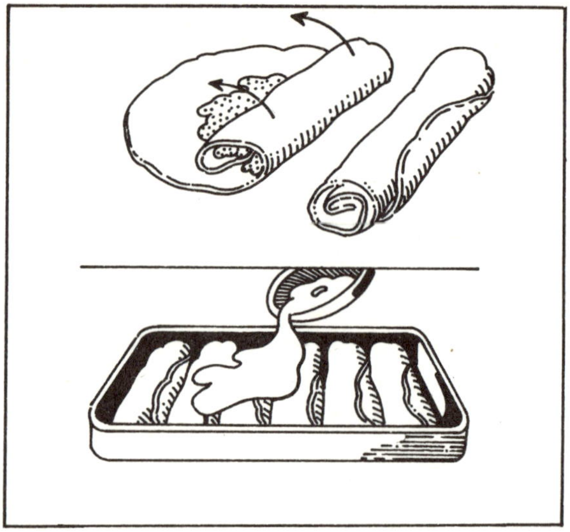

Die Crêpes werden gefüllt und zusammengerollt. Dann legt man sie nebeneinander in eine Form und gießt die Sauce darüber.

• Die Crêpes mit dem Langustenfleisch füllen und zusammenrollen.
Eine feuerfeste Form ausbuttern, die Crêpes nebeneinander hineinlegen, mit der Cremesauce beträufeln und mit dem geriebenen Parmesan bestreuen. Butterflöckchen aufsetzen und die gefüllten Crêpes unter dem Grill oder im Backofen 3–5 Minuten überkrusten.

Friture de fruits de mer
Gebackene Meeresfrüchte

Wenn man ein solches Gericht auf den Tisch bringen will, muß man nicht am Meer wohnen – auch in Frankreich nicht. Geeignet dafür sind alle Fische, die ein Spezialgeschäft anbietet. Und Tintenfische gibt es bereits tiefgefroren in den Kühltruhen vieler Supermärkte. Die gebackenen Stücke werden hügelartig angerichtet. Die Tomatensauce wird separat gereicht.

Zutaten für 4 Personen:
800 g Fische und Meeresfrüchte (Rotbarsch, Seeaal, Knurrhahn, Steinbeißer, Makrele, Lachs, Sprotten, kleine Heringe, Stinte, Grünlinge, Neunaugen, Rotbarben, Tintenfischarme, Scampi) • Salz • Saft von 1 Zitrone • verschiedene Gemüse (etwa 500 g Artischockenböden, Champignons, Steinpilze, Fenchel, Blumenkohl, Auberginen).
Für den Backteig:
250 g Mehl • 1 gestrichener Teel. Salz • 2–3 Eßl. Öl • $^{2}/_{10}$ l Selterswasser • 2 Eiweiße • Öl zum Backen • Zitronenspalten für die Garnitur.
Für die Tomatensauce:
1 Zwiebel • 1 Suppengrün • 2 Knoblauchzehen • 1 Eßl. gehackte Pilze • 1 Eßl. gewürfelter roher Schinken • 2 Eßl. Öl • 2 Pimentkörner • 6 Pfefferkörner • 3 Eßl. Tomatenmark • 1 Prise Salz • 1 Prise Zucker • 1 Eßl. Weinessig • $^{1}/_{2}$ l Brühe • evtl. 1 Teel. Stärkemehl und 1 Schuß Weißwein

• Die Fische ausnehmen, wenn nötig schuppen, waschen und in gleich große Stücke schneiden. Mit Salz einreiben und mit dem Zitronensaft beträufeln.
• Das Gemüse vorbereiten, ganz kurz vorkochen, abtropfen lassen und in annähernd gleich große Stücke schneiden. Leicht salzen.
• Für den Ausbackteig aus dem Mehl, dem Salz, dem Öl und dem Selterswasser einen glatten Teig schlagen. Ist er zu fest, noch etwas Selterswasser zugeben. Kurz vor Gebrauch die steif geschlagenen Eiweiße unterheben.
• Fisch- und Gemüsestücke durch den Backteig ziehen und im heißen Öl schwimmend goldbraun backen. Mit Zitronenachteln garnieren.
• Für die Tomatensauce die geschälte, in Scheiben geschnittene Zwiebel, das geputzte, zerschnittene Suppengrün, die geschälten, zerdrückten Knoblauchzehen, die Pilze und die Schinkenwürfel in dem Öl andünsten. Die Piment- und die Pfefferkörner, das Tomatenmark, das Salz, den Zucker und den Weinessig zugeben, durchrühren und kurze Zeit mitdünsten. Mit der Brühe auffüllen und einmal aufkochen lassen. Die Sauce durchs Sieb streichen.
• Wenn man will, mit dem angerührten Stärkemehl etwas sämiger machen und mit dem Weißwein verfeinern.

Plats du jour
Fleischgerichte

In diesem Kapitel zeigt sich die französische Küche von ihrer schönsten Seite. Hinter dem etwas technischen Ausdruck »Tagesgerichte« verbergen sich die Köstlichkeiten, durch die Frankreichs art culinaire Weltruhm erlangte. Die Überschrift bezieht sich auf die täglich frisch gekauften Zutaten und die daraus täglich frisch gekochten Gerichte.

Wir haben in diese »Schublade« Rezepte gesteckt, für die alle Arten von Fleisch sowie Innereien verwendet werden. Die hier versammelten Gerichte werden von französischen Hausfrauen alltags gekocht und bilden, zusammen mit einer Vorspeise und etwas Käse zum Dessert, das übliche Familienmenü. Manche Gerichte werden Ihnen vielleicht kompliziert erscheinen. Madame Joriaux und ihre Landsmänninnen haben dazu eine andere Einstellung. Sie sind es von der Mutter her gewohnt, daß gutes Essen eben einigen Arbeitsaufwand erfordert, und Ehemann und Kinder sind es ebenfalls gewohnt, daß der Tisch einigermaßen reichlich bestellt ist. Eine Hausfrau käme rasch in den Verdacht, es mit ihren Pflichten nicht ernst zu nehmen, wenn sie sich nicht an die allgemein üblichen Eßsitten mit dem mehrgängigen Menü hielte.

Deutsche Hausfrauen, denen manche dieser »Plats du jour« allzu üppig oder kostspielig erscheinen, können sie ohne weiteres festlichen Gelegenheiten vorbehalten. Wir wollten, da dies ja ein französisches Kochbuch ist, natürlich zeigen, wie man in Frankreich auch an Werktagen speist.

Longue de veau au Porto

Kalbslende in Portwein

Dieses Rezept verdanken wir einer Pariserin, die wie Madame Joriaux Hausfrau ist, außerdem aber noch Besitzerin eines kleinen Restaurants, des »Petit Périgord«.

Zutaten für 4 Personen:
2 Eßl. Butter • 2 Eßl. Öl • 1 kg Kalbslende • 1 Teel. Salz • 1/2 Teel. Pfeffer • 500 g Kalbsknochen, grob zersägt oder zerschlagen • 3 Zwiebeln • 6 Karotten • 1 Stück Knollensellerie • 1 Kräutersträußchen • 1 Glas Portwein • 2 Eßl. Butter

- In einer kleinen Bratenpfanne die Butter und das Öl sehr heiß werden lassen. Das Fleisch waschen und trockentupfen und im heißen Fett in 5 Minuten von allen Seiten anbraten. Mit Salz und Pfeffer würzen, die Knochen neben das Fleisch legen und die Bratenpfanne in den vorgeheizten Backofen schieben. Die Lende bei 180° 20 Minuten braten lassen.
- In der Zwischenzeit die Zwiebeln schälen, die Karotten putzen und den Sellerie abschälen. Das Gemüse kleinhacken und zusammen mit dem Kräutersträußchen zu dem halbgaren Fleisch geben. Alles für weitere 20 Minuten in den Ofen schieben.
- Den Braten aus der Sauce nehmen und warm stellen. Die Sauce in eine Kasserolle gießen und einige Minuten kochen lassen, dann abfetten und den Portwein und 1/2 Glas Wasser angießen. Nochmals 5 Minuten kochen lassen, abschmecken.
- Das Fleisch in die Kasserolle geben und langsam erhitzen. Dabei mehrmals wenden, damit es sich mit der Sauce vollsaugen kann.
- Die Kalbslende in Scheiben schneiden und auf einer vorgewärmten Platte anrichten. Die Sauce durchpassieren und die Butter mit dem Schneebesen kräftig unterschlagen. Die Sauce wird gesondert serviert.

Beilage: Artischockenviertel mit feinen Kräutern geschmort, Spinatkugeln mit Sauce Mornay überzogen, Schloßkartoffeln. Die Sauce Mornay ist eine helle Sauce, die mit geriebenem Käse, Eigelb, Muskat, Salz und Peffer abgeschmeckt wird. Schloßkartoffeln (pommes château) sind halbmondförmig zurecht geschnittene rohe Kartoffeln, die halb gar gekocht und dann in Butter braun gebraten werden.

Escalopes aux cèpes

Schnitzel mit Steinpilzen

Außerhalb der Pilzsaison sollte man dieses Gericht nicht zubereiten; denn die Pilze müssen frisch sein. Es eignen sich außer Steinpilzen – die allerdings besonders gut schmecken – auch Reizker, Maronen oder Pfifferlinge. Dieses Gericht stammt aus der Gegend um die ostfranzösische Stadt Arbois.

Zutaten für 4 Personen:
1 Zwiebel • 3 Eßl. Öl • 300 g Steinpilze • 1 Eßl. Stärkemehl • 2 Eßl. Sahne • 4 Kalbsschnitzel zu je 180 g • 1 Teel. Salz • 1 Teel. Pfeffer • 1 Eßl. milder Senf • 1 Eßl. Tomatenmark • 1 Eßl. Mehl • 2 Eßl. Butter • 4 Eßl. fein gehackte Petersilie

- Die Zwiebel schälen und fein hacken und in 1 Eßl. heißem Öl anbraten. Die geputzten und in Stücke geschnittenen Pilze zugeben und 5 Minuten dünsten lassen. Das Stärkemehl mit der Sahne verrühren und über die Pilze gießen. Bei ganz milder Hitze nochmals 5 Minuten ziehen lassen.
- Die Schnitzel dünn klopfen, salzen und pfeffern. Den Senf und das Tomatenmark miteinander verrühren, die Schnitzel damit bestreichen und anschließend auf beiden Seiten mit dem Mehl bestäuben. In einer großen Pfanne die restlichen 2 Eßl. Öl und die Butter erhitzen und die Schnitzel darin bei starker Hitze auf jeder Seite 6 Minuten braten.
- Die Schnitzel auf einer vorgewärmten Platte anrichten, mit den Pilzen übergießen und mit der Petersilie bestreuen.

Beilage: gebutterte Nudeln, Erbsen auf französische Art (siehe Seite 89).

Unser Tip: Das Gericht läßt sich natürlich auch mit Schweineschnitzeln zubereiten, aber auch mit Hühnerbrust. Die muß man jedoch vor dem Braten 20 Minuten vorkochen. Wir haben sogar schon Heilbuttschnitten verwendet.

Noisettes de veau sauce nordique

Kalbsnüßchen in nordischer Sauce

Die Bezeichnung »Nüßchen« ist Küchenlyrik. Gemeint sind ganz allgemein kleine, besonders zarte Fleischstücke. Der Name bezieht sich auf jenes Stück der Kalbskeule, das seiner Form wegen »Nuß« genannt wird (die »Nüßchen« können aber auch aus einem anderen Fleischstück geschnitten werden, zum Beispiel aus der Lende von Kalb oder Lamm). Unser Gericht stammt aus dem handgeschriebenen Kochbuch, das sich in der Familie von Madame Joriaux von Generation zu Generation vererbt.

Zutaten für 6 Personen:
12–18 Kalbsnüßchen, aus dem Filet geschnitten, zu je 50 g • 1 Teel. Salz • 1 Teel. weißer Pfeffer, 6 Eßl. Öl • 2 Tassen Fleischbrühe • 10 g Hefe • Saft von ½ Zitrone • 3 Eßl. Sahne • 50 g roter Keta-Kaviar

• Die Kalbsnüßchen mit ½ Teel. Salz und ½ Teel. Pfeffer würzen. Das Öl in einer großen Pfanne erhitzen und die Kalbsnüßchen darin von allen Seiten anbraten. 1 Tasse heiße Fleischbrühe angießen, die Hitze reduzieren und die Nüßchen 5 Minuten dünsten.
• Die Hefe in der zweiten Tasse Fleischbrühe auflösen, den Zitronensaft, die Sahne und die restlichen Gewürze zugeben und alles ans Fleisch gießen. Die Sauce unter Rühren zum Kochen bringen, dann die Hitze reduzieren und alles 8 Minuten ziehen lassen.
• Die Kalbsnüßchen aus der Pfanne nehmen und auf einer vorgewärmten Platte anrichten. Die Pfanne von der Kochstelle nehmen, den Kaviar unter die Sauce mischen und die Kalbsnüßchen damit überziehen.

Beilage: Kartoffelpüree, Kressesalat.

Unser Tip: Anstelle von Kalbfleisch kann man auch Lammfilets zu »Nüßchen« zerschneiden, und statt des roten Kaviars – der allerdings recht preiswert ist – läßt sich auch Sardellenpaste verwenden. Wir haben es ausprobiert, es schmeckt gut!

Paupiettes Marcelline

Kalbsröllchen in Tomatensauce geschmort

Kalbsröllchen sind ein Gericht, das alle Geschmacksmoden überdauert hat. Es paßt außerdem für jede Jahreszeit, für die Familie allein und für Gäste.

Zutaten für 6 Personen:
1 große Dose geschälte Tomaten (oder die entsprechende Menge frische) • 1 Knoblauchzehe • ein Bund Petersilie • 1 Prise getrockneter Thymian • ½ Lorbeerblatt • 1 Eßl. Öl • 1 Teel. Salz • ½ Teel. Pfeffer • 6 dünne Kalbsschnitzel • 6 dünne Scheiben gekochter Schinken • 2 Schalotten • 200 g frische Champignons • 150 g Butter • 1 Eßl. Mehl

• Für die Tomatensauce die Tomaten mit dem Saft in eine Kasserolle gießen (frische Tomaten überbrühen, abziehen und zerschneiden) und die sehr fein gehackte Knoblauchzehe, einige Stengel klein gehackte Petersilie, den Thymian, das Lorbeerblatt, das Öl, Salz und Pfeffer zugeben. Bei mittlerer Hitze andünsten. Die Tomaten mit einer Gabel zerdrükken. Die Hitze reduzieren und alles 10–12 Minuten weiterdünsten. Auf kleinster Hitzeeinstellung warm halten.
• Die Schnitzel auf einem Küchenbrett ausbreiten. Den Fettrand vom Schinken abschneiden und auf jedes Schnitzel eine Schinkenscheibe legen.
• Die geschälten Schalotten fein hacken, ebenso das Schinkenfett mit der Schwarte, die restliche Petersilie und die geputzten Champignons. 50 g Butter schmelzen lassen und zuerst die Schalotten, dann das Schinkenfett, die Petersilie und die Champignons darin andünsten. 1 Prise Salz und 2 Eßl. Tomatensauce unterrühren. Das Mehl mit 20 g Butter verkneten und den Butter-Mehl-Kloß mit dem Schneebesen unterschlagen. Bei milder Hitze alles zugedeckt 10 Minuten dünsten.
• Auf jede Schinkenscheibe eine Schicht dieser Masse aufstreichen und erkalten lassen. Übriggebliebene Füllung wird später unter die Sauce gemischt. Das Fleisch zusammenrollen und mit Kü-

chengarn umwickeln. Die restliche Butter in einer Kasserolle erhitzen und die Röllchen darin von allen Seiten braun braten. Dann die heiße Tomatensauce und die evtl. übriggebliebene Füllung dazugießen. Bei kleinster Hitzeeinstellung 30 Minuten weiterdünsten (auf Gasherd Asbestplatte unterstellen).
• Das Küchengarn von den Kalbsröllchen wickeln und diese auf einer vorgewärmten Platte anrichten. Mit der Sauce umgießen.

Beilage: Kartoffelgratin.

Unser Tip: Anstatt der Tomaten rote Paprikaschoten verwenden.

Côte de veau au Calvados

Kalbskoteletts mit normannischer Sauce

Es gibt in Frankreich unzählige Gerichte mit Kalbskoteletts. Wir geben zu, daß einige davon zu reichlich gewürzt sind, so daß der Eigengeschmack des Fleisches verschwindet. Daher haben wir ein eher zurückhaltend gewürztes Gericht ausgewählt. Die Verwendung von Calvados und Sahne ist typisch für die Normandie, die Heimat von Madame Joriaux.

Zutaten für 4 Personen:
4 Kalbskoteletts • 2 Eßl. Mehl • 2 gestrichene Eßl. Butter • 2 Eßl. Öl • 1 Teel. Salz • 1 Teel. Pfeffer • 1 Schnapsglas Calvados • 4 Eßl. Tomatenmark • 4 Eßl. Sahne.
Für die Sauce hollandaise:
100 g Butter • 2 Eigelbe • 1 Prise Salz • 1 Teel. Essig • 1 Prise Pfeffer • 1 Glas Champagner

• Die Kalbskoteletts in dem Mehl wälzen. Butter und Öl zusammen in einer großen Pfanne erhitzen und die Koteletts darin bei mittlerer Hitze von jeder Seite 5 Minuten braten. Die garen Koteletts mit dem Salz und dem Pfeffer würzen, warm stellen.
• Den Bratfond mit dem Calvados aufgießen und aufkochen lassen. Das Tomatenmark gut unterrühren. Die Pfanne von der Kochstelle nehmen und die Sahne zugeben. Die Sauce warm stellen.
• Für die Sauce hollandaise die Butter in einer kleinen Kasserolle zerfließen lassen. In einer anderen kleinen Kasserolle die Eigelbe mit dem Salz und dem Essig verquirlen. Diese Kasserolle in einen größeren Topf mit kochendem Wasser setzen und unter ständigem kräftigen Schlagen die flüssige Butter tropfenweise zugeben. Weiterschlagen, bis die Masse cremig ist. Vorsicht, die Sauce darf nicht heiß werden, sonst gerinnt sie! Die Sauce von der Kochstelle nehmen und den Pfeffer und den Champagner untermischen. Die Calvados-Sauce und die Holländische Sauce miteinander vermischen und über die Kalbskoteletts gießen.

Beilage: gebutterte Nudeln, Kopfsalat.

Unser Tip: Sie können die beiden Saucen auch getrennt, in zwei Saucieren, zu Tisch bringen.

Carré de veau rognonnade à la liègeoise

Kalbsnierenbraten Lüttich

Dieses Gericht verdanken wir einer Hausfrau, die mütterlicherseits aus Belgien stammt – daher der Name. Ihr Mann ist Franzose, und dieses Gericht entspricht ganz seinem Geschmack.

Zutaten für 6 Personen:
2 kg Kalbsrücken (gleich beim Fleischer ausbeinen lassen) • 1 Kalbsniere • 1 Teel. Salz • 1 Teel. Pfeffer • 30 g Wacholderbeeren • 1 Schweinsnetz • 3 Eßl. Olivenöl • 1 Karotte • 1 Zwiebel • 200 g geräucherter Speck • 2 Scheiben Weißbrot

• Das Fleisch an der Wirbelsäulenseite aufschneiden, so daß eine Tasche entsteht. Die Niere in die Mitte legen, salzen und pfeffern. $^{1}/_{4}$ der Wacholderbeeren dazugeben. Das Fleisch zusammennähen, auf das Schweinsnetz legen, salzen und pfeffern und die restlichen Wacholderbeeren darauf verteilen. Das Schweinsnetz um das Fleisch schlagen und mit Küchengarn festbinden.

So schneidet man eine Tasche in den Kalbsrücken.

• In einer Ofenpfanne das Öl erhitzen und den Kalbsbraten darin 10 Minuten von allen Seiten anbräunen. 1 Tasse Wasser angießen, den Braten in den vorgeheizten Backofen schieben und 45–50 Minuten schmoren lassen. Dann die geputzte, kleingeschnittene Karotte und die geschälte, geviertelte Zwiebel zugeben. Wenn nötig, mit heißem Wasser aufgießen. Das Fleisch weitere 45 Minuten schmoren lassen, dann aus dem Backofen nehmen. Die Sauce abfetten und in einer Kasserolle 5 Minuten einkochen lassen

• Den Speck in Streifen schneiden und einige Minuten in kochendem Wasser blanchieren. Herausnehmen und abtropfen lassen, dann in einer Pfanne 3 Minuten lang unter Wenden braten. Auf Küchenkrepp abfetten.

• Aus dem Braten die Fäden herausziehen und das Fleisch auf einer vorgewärmten Platte anrichten. (Das Schweinsnetz kann mitserviert werden.) Die Speckstreifen über den Braten streuen. Das Weißbrot in große Würfel schneiden, im Speckfett goldbraun braten und ebenfalls über den Braten streuen. Den Bratfond durchpassieren und gesondert in einer Sauciere reichen.

Beilage: Petersilienkartoffeln, Kressesalat.

Unser Tip: Kaufen Sie mehr Fleisch und wärmen Sie übriggebliebenen Braten, in Scheiben geschnitten, in der Sauce auf. Oder stecken Sie die kalten Bratenscheiben auf einen Spieß, legen diesen auf ein Ofenblech, bestreichen das Fleisch mit der restlichen Sauce, überziehen das Ganze mit Kartoffelschnee und lassen es im Ofen überbacken.

Caramel

Caramel ist gebräunter Zucker. Man verwendet für die Zubereitung einen Topf mit starkem, glattem Boden, am besten poliertem Stahlboden, der sich hinterher leicht reinigen läßt. In solch einem Topf läßt man 4 Eßlöffel Zucker und etwa 20 g Butter unter ständigem Rühren bei milder Hitze bräunen. Wenn die Masse dunkelbraun ist, den Topf von der Kochstelle nehmen und etwa 2 Eßlöffel Wasser zugeben, damit das harte Caramel wieder dickflüssig wird.

Caramel gehört natürlich in die berühmte crème au caramel, er wird aber auch in Kuchen eingebacken. Kasseler und Roastbeef, Wildbraten und Puter kann man mit etwas Caramel bestreichen und dadurch zu appetitlichem Glänzen bringen. Selbstverständlich nimmt man dafür nur sehr wenig, damit der Braten nicht etwa süß wird.

Man kann Caramel auch auf Vorrat herstellen und in Flaschen aufbewahren. Er hält sich mehrere Wochen.

Côtelettes de porc à la Doudou

Schweinekoteletts Doudou

Schweinekoteletts werden in Frankreich nicht so häufig gegessen wie bei uns. So, wie sie nach unserem Rezept zubereitet werden, schmecken sie aber besonders gut. Das Gericht stammt vermutlich aus den karibischen Départements. Dafür spricht nicht nur die Verwendung von Ananas, die sonst nur ganz selten zu Fleischgerichten serviert wird, sondern auch der Rum und die Gewürzmischung.

Zutaten für 6 Personen:
6 Schweinekoteletts • 1 Tasse Rum • 500 g frische Ananas, ohne Schale gewogen • 1 Teel. Zimt • ½ Teel. Muskat • Schale von ½ ungespritzten Zitrone • 1 Teel. Salz • 1 Teel. feiner weißer Pfeffer • 3 Gewürznelken • 300 g Reis • 60 g Butter

- Die Koteletts am Knochen entlang einschneiden, damit die Marinade besser eindringen kann.
- In einer Schüssel die Hälfte des Rums mit der geraspelten Ananas, dem Zimt, dem Muskat, der abgeriebenen Zitronenschale, dem Salz, dem Pfeffer, den Gewürznelken und ½ Tasse warmem Wasser vermischen. Die Koteletts in eine flache Schüssel legen und mit der Marinade übergießen. Sie müssen ganz damit bedeckt sein.
- Den Reis gründlich waschen. In einem großen Topf reichlich Salzwasser zum Kochen bringen und den Reis darin 18 Minuten garen. Dann abgießen und abtropfen lassen und in einer Schüssel im vorgeheizten Backofen warm stellen.
- Die Koteletts nach 15 Minuten aus der Marinade nehmen, abtropfen lassen und mit Küchenkrepp trockentupfen. In einer großen Pfanne die Butter erhitzen und die Koteletts darin von jeder Seite 7 Minuten braten.
- Die Ananasmarinade in einer kleinen Kasserolle erhitzen. Den Reis auf einer vorgewärmten ovalen Platte hügelartig anrichten, die Ananasmarinade außen herum gießen und die Schweinekoteletts auf dem Reis arrangieren. Den restlichen Rum erhitzen, über die Koteletts gießen, mit einem Streichholz anzünden und abbrennen lassen.

Carré de porc impératrice

Schweinerippen Kaiserin-Art

Auf den ersten Blick scheint dieses Gericht ganz unfranzösisch zu sein; es ist aber original. Mit der Kaiserin ist Eugénie gemeint, die Gemahlin Napoleons III. – allerdings eine Spaniern, keine Französin.

Zutaten für 6 Personen
6 Eßl. Öl • 60 g Butter • 1,5 kg Schweinerippen im Stück • 2 Teel. Salz • 1 Teel. weißer Pfeffer • $^{1}/_{10}$ l Rum • 6 Äpfel mit festem Fleisch (Reinetten) • 12 Ananasscheiben • 2 Orangen • 1 Zitrone • $^{1}/_{8}$ l Sahne

- Das Öl und die Hälfte der Butter in einem großen Schmortopf erhitzen und das Schweinefleisch darin von allen Seiten braun braten. Mit dem Salz und dem Pfeffer würzen und die Hälfte des Rums angießen. Zugedeckt $1^1/_2$ Stunden bei mittlerer Hitze schmoren.

• Die Äpfel schälen und vierteln. In einer Pfanne die restliche Butter erhitzen und die Äpfel darin von beiden Seiten braten. Vorsicht beim Wenden! Dann die Apfelviertel aus der Pfanne nehmen und warm stellen. In der gleichen Pfanne die Ananasscheiben und die geschälten, in dünne Scheiben geschnittenen Orangen anbraten.

• Das gare Schweinefleisch auf einer vorgewärmten Platte anrichten und mit Apfelvierteln, Ananas- und Orangenscheiben garnieren. Den Saft der Zitrone, den restlichen Rum und die Sahne an die Sauce gießen. Aufkochen lassen und die Sauce über das Fleisch gießen.

Beilage: gebackene Kartoffelscheiben.

Unser Tip: Die ganzen Äpfel mitschmoren und die anderen Früchte warm oder kalt als Kompott dazu reichen. Auch eingemachte Quittenspalten schmekken gut.

Brochettes de filet de porc à la diable

Schweinefiletspießchen nach Teufelsart

Französische Hausfrauen bereiten dieses aparte Gericht am Vortag vor. Die fertigen Spieße werden in Folie eingewickelt und in den Kühlschrank gelegt. Madame Joriaux überraschte ihre Gäste einmal mit einem Riesenspieß, auf dem Fleisch, Speck und Gemüse für sämtliche Gäste steckten. Am Tisch schnitt sich dann jeder seinen Anteil ab.

Zutaten für 6 Personen:
800 g Schweinefilet · 200 g Räucherspeck · 2 große grüne Paprikaschoten · 500 g Tomaten · 1 Eßl. Senf · 1 Tasse Semmelbrösel · $1^1/_2$ Teel. Salz · 2 Teel. Selleriesalz · 1 Teel. schwarzer Pfeffer · 2 Teel. Paprikapulver · $^1/_2$ Teel. Chili · 6 Eßl. Erdnußöl

• Das Fleisch in gleich große Stücke von etwa 50 g schneiden. Den Speck in Streifen schneiden, in einer

Beurre manié

Beurre manié, eine aus Butter und Mehl zusammengeknetete Paste, heißt im Deutschen entweder »Mehlbutter« oder »Butter-Mehl-Kloß«. Man schlägt diese Paste in kleinen Flocken mit dem Schneebesen in kochende Fonds. Dabei muß man sehr kräftig schlagen, damit sich die beurre manié schnell in der ganzen Flüssigkeit verteilt, sonst gibt es Klumpen. Die Butter wirkt hierbei nur als Trägersubstanz, um das Mehl in feiner Verteilung schnell in die kochendheiße Flüssigkeit zu bringen. Aber die Butter verfeinert natürlich auch den Geschmack.

Das Einschlagen einer Mehl-Butter-Paste zum Binden ist einfacher als beispielsweise das Herstellen von Mehl-Butter-Schwitze oder das Verrühren von Mehl in kalter Flüssigkeit. Da Mehl Zeit braucht, um aufzuquellen und seine volle Bindefähigkeit zu entfalten, müssen Saucen, die mit beurre manié sämig gemacht werden, bei sehr milder Hitze 3 bis 5 Minuten nachziehen.

Man rechnet zum Binden von 1 Liter Flüssigkeit 30 g Mehl und 50 g Butter.

Pfanne unter Wenden einige Minuten ausbraten und dann auf Küchenkrepp abfetten. Die Paprikaschoten halbieren und das Kerngehäuse entfernen. Paprikahälften in breite Streifen oder in Stücke schneiden. Die Tomaten vierteln und die Kerne herausdrücken. Die Fleischwürfel mit dem Senf bestreichen und mit den Semmelbröseln bestreuen.

- Auf jeden Spieß abwechselnd Fleisch, Speck, Paprikaschoten und Tomatenviertel aufstecken. Salz, Selleriesalz, Pfeffer, Paprikapulver und Chili mischen.
- Die fertigen Spieße mit dem Öl bestreichen und in der Pfanne oder im Grill bei starker Hitze etwa 15 Minuten braten. Mit der Pfeffer-Salz-Mischung bestreuen und sehr heiß servieren.

Beilage: Rosenkohl, Lyoner Kartoffeln: in Scheiben geschnittene gekochte Kartoffeln und Zwiebelscheiben mit Butter in der Pfanne goldbraun braten.

Unser Tip: Sie müssen nicht unbedingt das teure Schweinefilet nehmen. Versuchen Sie es einmal mit Kasseler oder mit Hammelschulter. Wichtig ist allein, daß das Fleisch sehnenfrei ist.

Steak au poivre vert

Pfeffersteak mit grünem Pfeffer

Bild Seite 74.

Das übliche Pariser Pfeffersteak wird mit grob gemahlenem schwarzem Pfeffer bestreut und nach dem Braten in der Pfanne mit Cognac flambiert. Diese moderne Variante wird mit den unreifen grünen Pfefferkörnern zubereitet.

Zutaten für 4 Personen:
4 Rinderfiletsteaks zu je 200 g · Salz nach Geschmack · 2 Eßl. grüner Pfeffer · 4 Eßl. Butter · 4 Eßl. Cognac

- Die Steaks werden für dieses Gericht vor dem Braten leicht gesalzen (sonst streng verboten!).
- Den grünen Pfeffer mit 2 Eßl. Butter verkneten. Die Steaks von beiden Seiten kräftig mit dieser Butter bestreichen. Dabei sollen die Pfefferkörner zerrieben werden.
- Immer nur 2 Steaks in einer Pfanne braten. Die Pfanne gut erhitzen, für jeweils 2 Steaks 1 Eßl. Butter heiß werden lassen und die Steaks darin insgesamt 4–5 Minuten braten.
- Die Teller vorwärmen, auf jeden Teller 1 Eßl Cognac gießen, anzünden, die Steaks darauflegen und den Cognac abbrennen lassen.

Beilage: Pommes frites oder Pommes paille.

Steak marchand de vins

Beefsteak Weinhändler-Art

Das Beefsteak ist ein Geschenk der englischen Küche an Frankreich. Die französischen Hausfrauen mögen es aber nicht einfach auf den Grill oder in die Pfanne legen: Sie veredeln es ihrem Geschmack entsprechend mit Wein und Gewürzen. Unser Rezept ist ein Beispiel dafür.

Zutaten für 4 Personen:
250 g Butter · 1 Zwiebel · 1/2 Tasse Rotwein · 1/2 Lorbeerblatt · 1 große Prise getrockneter Thymian · 4 Stengel Petersilie · 2 Teel. flüssiger Fleischextrakt · 4 Beefsteaks von je 200 g · 2 Eßl. Öl · 1 gestrichener Teel. Salz · 1 gestrichener Teel. frisch gemahlener schwarzer Pfeffer

- In einer Kasserolle 2 gestrichene Eßl. Butter bei mäßiger Hitze zerlaufen lassen. Wenn sich kein Schaum mehr bildet, die geschälte, in Ringe geschnittene Zwiebel darin glasig dünsten. Den Rotwein angießen und das Lorbeerblatt, den Thymian und die Petersilie zugeben. 15 Minuten kochen lassen, bis die Flüssigkeit auf etwa 2/3 eingekocht ist. Durch ein Sieb gießen. Den Fleischextrakt in 2 Eßl. warmem Wasser auflösen und darunterrühren. 200 g Butter schaumig rühren und unter die Sauce mischen.
- Die Steaks in der restlichen Butter und dem Öl zuerst auf jeder Seite 1 Minute, dann nochmals auf jeder Seite 1 1/2 Minuten braten. Die Steaks auf eine

vorgewärmte Platte legen und mit Salz und Pfeffer würzen.
• Die Weinsauce in die Pfanne gießen und den Bratensatz damit loskochen. Die fertige Sauce über die Steaks gießen.

Bœuf bourguignon

Burgunder Schmorfleisch

Mit diesem Gericht fing die Zusammenarbeit zwischen mir und Madame Joriaux an – es war die erste Mahlzeit, die sie mir servierte. Wichtig für das Gelingen ist die Auswahl des Fleischstücks. Es muß von einem älteren Rind stammen. Weich wird es auf alle Fälle durch das lange Schmoren. Der Wein soll gehaltvoll sein, aber nicht zuviel Säure haben. Am besten nimmt man einen Beaujolais mittlerer Qualität.

Zutaten für 6 Personen:
1½ kg Rindfleisch (Schwanzstück, in Frankreich culotte genannt) · 100 g frischer Bauchspeck · 100 g Butter oder Pflanzenfett · 3 Zwiebeln · 2 Teel. Salz 2 Teel. schwarzer Pfeffer · 1 Knoblauchzehe · 2 Eßl. Mehl · ½ l Rotwein · 2 Tassen Bouillon · 1 Kräutersträußchen · 150 g frische Champignons

• Das Fleisch waschen, trockentupfen und in sehr große Würfel schneiden. Den Speck klein würfeln, einige Minuten in kochendem Wasser blanchieren und gut abtropfen lassen. Das Fett in einem großen Schmortopf erhitzen und die Speckwürfel darin auslassen. Mit einem Sieblöffel herausnehmen.
• Das Fleisch im heißen Fett 10 Minuten von allen Seiten anbraten. Nach 5 Minuten die geschälten, geviertelten Zwiebeln zugeben. Nach 10 Minuten salzen und pfeffern und die geschälte, zerdrückte Knoblauchzehe zufügen. Das Mehl einstäuben und unter Rühren leicht bräunen lassen. Den Rotwein und die Bouillon angießen, durchrühren und das Kräutersträußchen zugeben. Zugedeckt 3 Stunden bei mittlerer Hitze auf dem Herd oder im Backofen schmoren. Die Champignons putzen und blättrig schneiden und in den letzten 30 Minuten zugeben.
• Das gare Fleisch und die Champignons herausnehmen und die Sauce durchpassieren. Die Fleischwürfel, die Champignons und die Speckwürfel in der Sauce nochmals 20 Minuten schmoren lassen.

Beilage: Salzkartoffeln, Eskarolsalat.

Gratin de bœuf aux coquillettes

Gratiniertes Rindfleisch

Am hübschesten sieht es aus, wenn Sie dieses Gericht in den Schalen der Jakobsmuschel servieren. Man kann diese Muscheln in jedem besseren Haushaltsgeschäft kaufen (Ragout fin zum Beispiel wird stets in Muscheln angerichtet). Aber natürlich können Sie statt der Muschelschalen auch eine feuerfeste Form mit niedrigem Rand aus Keramik oder Jenaer Glas benutzen.

Zutaten für 6 Personen:
500 g gekochtes Rindfleisch (evtl. Rest vom Suppenfleisch) · 4 Zwiebeln · 3 Knoblauchzehen · 80 g Butter · 350 g rohe Bratwurstmasse · 3 Eßl. fein gehackte Petersilie · 1 Eßl. Tomatenmark · 1 Eßl. Mehl · 1 kleine Tasse Fleischbrühe · 1 Teel. Salz · 1 Teel. schwarzer Pfeffer · 350 g Teigmuscheln · Salz · 150 g geriebener Käse

• Das Rindfleisch durch den Wolf drehen oder sehr fein hacken. Die Zwiebeln und die Knoblauchzehen schälen und ebenfalls fein hacken.
• In einer Pfanne 30 g Butter erhitzen und Zwiebeln und Knoblauch darin anbraten. Wenn sie anfangen braun zu werden, die Wurstmasse zugeben und unter Rühren ebenfalls anbraten. Dann das zerkleinerte Fleisch, die Petersilie, das Tomatenmark und das Mehl zugeben, gut durchrühren und alles unter ständigem Rühren 3–4 Minuten schmoren lassen. So viel Fleischbrühe angießen, daß die Masse gut durchfeuchtet, aber fest ist. Mit Salz und Pfeffer würzen.

• Die Teigmuscheln in reichlich Salzwasser 15 Minuten lang kochen, nicht länger! Sie sollen noch »Biß« haben. Dann abgießen, kalt abschrecken und abtropfen lassen. Mit der Hälfte der restlichen Butter und 100 g Käse vermengen.

• Die Muschelförmchen – oder die feuerfeste Form – mit dem Rest der Butter ausstreichen. Die Fleisch-Wurst-Masse hineingeben, die Teigmuscheln darüberfüllen und mit dem restlichen Käse bestreuen. Im vorgeheizten Ofen bei mittlerer Hitze 10 Minuten überbacken. Sofort servieren.

Beilage: Toast oder Stangenweißbrot.

Unser Tip: Anstelle der Nudeln, die vielleicht nicht jedermanns Geschmack sind, können Sie auch entsteinte grüne Oliven, in Scheiben geschnitten, und Sardellen oder Thunfisch aus der Dose verwenden. Den Thunfisch mit der Gabel zerteilen, aber nicht zerdrücken.

Emincé de bœuf à la tzigane

Rindergeschnetzeltes Zigeuner-Art

Alle Gerichte nach Zigeunerart sind bei französischen Hausfrauen sehr beliebt, weil nicht so streng auf die genaue Befolgung des Rezepts geachtet werden muß und Spielraum für eigene Variationen bleibt. Auch das nachfolgende Rezept ist eine eigene Création von Madame Joriaux.

Zutaten für 6 Personen:
600 g Ochsensteak in dünnen Scheiben (Rouladenfleisch) • 75 g Butter • 1 Schnapsglas Slivovic • 4 Zwiebeln • 75 g Mehl • 2 Eßl. edelsüßer Paprika ½ l Milch • 1½ Teel. Salz • 1 Teel. schwarzer Pfeffer • 50 g geriebener Gruyère • 25 g geriebener Parmesan

Fines herbes

Die Beigabe von – möglichst frischen – Kräutern ist in der französischen Küche Pflicht (eine sehr wohlbedachte Pflicht übrigens, die den Speisen ausgezeichnet bekommt). Man hat dafür den Standardausdruck »fines herbes« geprägt, wobei sich »fines«, also fein, nicht auf die geschmackliche Finesse der Kräuter bezieht, sondern auf den zerkleinerten Zustand. Es wird jedoch nochmals unterschieden zwischen musig-fein gewiegten Kräutern und nur grob zerzupften Blättern.

Die Zusammenstellung der Kräuter ist nicht dem Zufall überlassen. Sie werden weise kombiniert, denn es soll ja eine ausgewogene Komposition entstehen, wobei kein Bestandteil vorschmecken darf: weder der aggressive Kerbel, der in der Küche Frankreichs eine weit bedeutendere Rolle spielt als in anderen Landesküchen, noch die säuerliche Pimpinelle, noch Estragon, Borretsch oder Tripmadam. Außerdem gehören zu den fines herbes noch Petersilie und Schnittlauch, aber sie bestehen niemals nur aus diesen beiden Kräutern! Es sind also siebenerlei Kräuter – wieder einmal die magische Zahl sieben! –, aus denen sich die fines herbes zusammensetzen.

Je nach Art des Gerichts kann der Estragon durch Thymian, die Pimpinelle durch Majoran oder dessen wilden Vetter, den Oregano, ersetzt werden.

• Das Fleisch in schmale Streifchen schneiden. In einer großen Pfanne knapp die Hälfte der Butter erhitzen und das Fleisch unter ständigem Wenden schnell darin anbraten. Den Schnaps darübergießen, mit einem Streichholz anzünden und abbrennen lassen. Eine feuerfeste Form ausbuttern und das Fleisch hineinfüllen.

• Die Zwiebeln schälen und in dünne Scheiben schneiden. Die restliche Butter in der Fleischpfanne schmelzen und die Zwiebeln darin glasig werden lassen. Das Mehl hineinstäuben und unter Umrühren einige Minuten rösten. Den Paprika darüberstreuen und gut durchrühren, die Milch angießen, mit dem Salz und dem Pfeffer würzen. Die Sauce 8 Minuten leise kochen lassen, dabei ab und zu mit einem Holzlöffel umrühren.

• Die fertige Sauce über das Fleisch gießen, den Käse darüberstreuen und das Gericht im vorgeheizten Backofen bei starker Hitze einige Minuten gratinieren.

Beilage: Kartoffelpüree, Schwarzwurzel-Artischocken-Salat.

Unser Tip: Eine Freundin von Madame Joriaux reichert das Gericht mit ¼ l saurer Sahne an. Statt des Slivovic können Sie auch 4 Stück Würfelzucker und 2 Eßl. Elsässer Quetsch (Pflaumenschnaps) zufügen.

Pieds de mouton à la sauce Poulette

Hammelfüße in Poulettesauce geschmort

Geschmorte Hammelfüße sind ein Lieblingsgericht der arabischen Küche. Nach Frankreich gelangte das Rezept vermutlich über die nordafrikanischen Kolonien. Das Fleisch schmeckt bei dieser Zubereitung zart und würzig. Die Füße selbst sind allerdings nur zum Abknabbern, das Fleisch sitzt an den Waden.

Zutaten für 6–8 Personen:
2 kg Hammelfüße (15–18 Stück) · 2 gehäufte Eßl. Mehl · 4 Teel. Salz · Saft von 1 Zitrone · 6–7 Tassen Kalbsbrühe · 1 große mit Gewürznelken gespickte Zwiebel · 2 Karotten · 1 Lorbeerblatt · 1 Zweiglein Thymian · 50 g Butter · 1 Zwiebel · 2 gestrichene Eßl. Mehl · 3 Eigelbe · $^1/_{10}$ l Sahne · 2 Teel. weißer Pfeffer · 1 Teel. Muskatnuß · 1 Eßl. Weinessig · 3 Eßl. fein gehackte Petersilie

• Die Hammelfüße waschen und den Flaum mit einem spitzen Messer abschneiden. Die Füße gut abtrocknen und mit einer Kerzenflamme absengen. Abspülen und in einem Topf mit 2 l Wasser zum Kochen bringen. Nach dem Blanchieren abtropfen lassen und nochmals kalt abspülen.

• Das Mehl in einem Schüsselchen mit wenig Wasser zu einem sehr dünnen Teig verrühren. In einem großen Topf 2 l Wasser aufsetzen und das Mehl unter Rühren einlaufen lassen. 2 Teel. Salz und den Zitronensaft zugeben und alles zum Kochen bringen. Wenn das Wasser kocht, die Kalbsbrühe, die gespickte Zwiebel, die geputzten Karotten, das Lorbeerblatt, den Thymian und die Hammelfüße zugeben und bei halb geöffnetem Deckel 3–4 Stunden langsam kochen lassen. Die Füße werden meistens nicht gleichzeitig gar, weil sie von jungen und älteren Tieren stammen. Vor Ende der Kochzeit mit einer Spicknadel prüfen, ob alle Füße gar sind. Das Fleisch muß fast weich sein. Füße, deren Fleisch noch nicht so weit ist, weiterkochen, die anderen herausnehmen.

• Die Butter in einer großen Kasserolle schmelzen lassen und die geschälte, fein gehackte Zwiebel darin andünsten. Das Mehl zugeben und unter Rühren 2–3 Minuten anschwitzen. Die Kasserolle von der Kochstelle nehmen und den heißen Kochsud unterrühren. 20–30 Minuten bei milder Hitze weiterkochen lassen, dabei ab und zu umrühren. Die Hammelfüße hineinlegen und weitere 15 Minuten garen lassen. Mit dem restlichen Salz abschmecken.

• Die Eigelbe und die Sahne mit einer Gabel verquirlen, den Pfeffer und den Muskat zugeben, mit einem Löffel heißer Sauce verrühren und das Gemisch zu den Hammelfüßen gießen. Unter ständigem Rühren gut heiß werden lassen, aber nicht zum

Kochen bringen. Zuletzt den Essig zugeben. Das Gericht auf einer vorgewärmten tiefen Platte, mit der Petersilie bestreut, servieren – die Sauce wird separat gereicht –, oder gleich im Kochkessel, wenn er attraktiv genug ist.

Beilage: gebutterte Bandnudeln, Salat Mimosa oder Auberginengemüse.

Gigot à la Ninon

Lammkeule à la Ninon

Siehe Umschlagbild

Das nachfolgende Gericht ist benannt nach Ninon de Lenclos (1620–1705), deren Salon Mittelpunkt des Pariser Geisteslebens ihrer Zeit war. Ninon soll noch als Achtzigjährige von so berückender Schönheit gewesen sein, daß junge und jüngste Männer in Liebe zu ihr entbrannten. Viele Speisen sind nach ihr benannt.

Zutaten für 6 Personen

1 Lammkeule von 2,5 kg · 100 g Räucherspeck · ½ Flasche Roséwein (Rosé de Provence) · 6 Eßl. Estragonessig · 1 Bund Suppengrün · 2 Zwiebeln 2 Lorbeerblätter · 1 Teel. Basilikum · 5 Körner Piment · 2 Knoblauchzehen · 3 Eßl. Olivenöl · 1 gehäufter Eßl. gemischte, fein gehackte Kräuter (Petersilie, Kerbel, Rosmarin, Thymian)

• Das Fleisch waschen, trockentupfen und mit dem streifig geschnittenen Speck spicken. Aus dem Wein, ½ l Wasser, dem Essig, dem geputzten, zerschnittenen Suppengrün, den geschälten, geviertelten Zwiebeln, dem Lorbeer, dem Basilikum, dem Piment und dem geschälten, zerdrückten Knoblauch eine Marinade bereiten. Die Lammkeule 3 Tage in der Marinade liegen lassen, dabei mehrmals wenden. Nicht in den Kühlschrank oder ins Kalte stellen! Die Gewürze geben ihr Aroma in der Kälte nicht so gut ab.

• Die marinierte Lammkeule aus der Marinade nehmen und trockentupfen. In einem großen Topf das Öl erhitzen und das Fleisch darin von allen Seiten kräftig anbräunen. 1 Tasse Marinade angießen, die Hitze reduzieren und das Fleisch knapp 2 Stunden schmoren lassen (man rechnet für das erste Pfund 45 Minuten und für jedes weitere Pfund etwa 30 Minuten). Dabei verdampfte Flüssigkeit immer wieder durch Marinade ersetzen.

• Den Bratfond abfetten und die Kräuter untermischen.

Beilage: Pommes frites, haricots verts à la française: feine grüne Bohnen in Butter und Petersilie schwenken.

Unser Tip: Die Sauce besteht hier nur aus dem eingekochten Fonds. Wer mehr und vor allem sämigere Sauce haben möchte, kann Sahne zugießen und beurre manié (siehe Kasten Seite 66) unterschlagen.

Foie de veau Médéric

Kalbsleber Médéric

Dieses Gericht hat uns eine Madame Olivier verraten. Der Name ist eine Zufallsschöpfung: Die Leber war zunächst namenlos – so nannten wir sie nach der Straße, in der Madame Olivier wohnt.

Zutaten für 4 Personen:

100 g frischer Speck · 2 Eßl. fein gehackte Petersilie 1 Kalbsleber von 700 g · 2 Tassen Portwein · 1 Schweinsnetz · 4 Karotten · 1 Knoblauchzehe · 1 Zwiebel · 3 Eßl. Butter · 1 Stengel Thymian · ½ Lorbeerblatt · 1 Petersilienstengel · 4 Kalbsknochen · 1½ Teel. Salz · 1 Teel. Pfeffer · ½ Tasse Sahne

• Den Speck in schmale Streifen schneiden. Die Speckstreifen in der Petersilie wälzen und die Leber damit umwickeln. Die Leber gut 1 Stunde in dem Portwein marinieren, dann abtropfen lassen und in das Schweinsnetz wickeln.

• Die Karotten putzen, den Knoblauch und die Zwiebel schälen, alles kleinschneiden. Die Butter in einer Kasserolle erhitzen, das Gemüse, den Thymian, das Lorbeerblatt und den Stengel Petersilie hineingeben, die Leber aufs Gemüse betten und die Kalbsknochen rundum legen. Mit dem Salz und dem

Bœuf à la mode.
Rezept Seite 76.
Das Fleisch wird im Pflanzenfett angebraten.
Dann kommt das vorbereitete Gemüse dazu.

Pfeffer würzen und die Portweinmarinade angießen. Die Leber zugedeckt 20 Minuten bei mittlerer Hitze schmoren lassen.

- Die gare Leber mit dem Schweinsnetz in dicke Scheiben schneiden, auf einer vorgewärmten Platte anrichten und warm stellen.
- Die Sauce durchpassieren und bei starker Hitze auf die Hälfte einkochen lassen. Die Sahne unterrühren und die Sauce über die Leber gießen. Das Schweinsnetz wird erst auf dem Teller abgestreift.

Beilage: gedünsteter Sellerie, Lyoner Kartoffeln: in Scheiben geschnittene gekochte Kartoffeln und Zwiebelscheiben mit Butter goldbraun braten.

Unser Tip: Anstelle von Schweinsnetz können Sie zur Not Pergamentpapier verwenden. Allerdings dringen durch das Schweinsnetz die Gewürze besser in die Leber ein.

Ris de veau à la Clamart

Kalbsbries »Clamart«

»A la Clamart« bedeutet in der klassischen Kochkunst, daß ein Gericht mit einer Beilage von Erbsen nach französischer Art, die in buttergedünsteten Artischockenböden liegen, serviert wird. Madame Joriaux und ich haben das nachstehende Rezept in der Gegend von Lyon entdeckt.

Zutaten für 4 Personen:
900 g Kalbsbries · 6–7 Karotten · 2 Zwiebeln · 100 g Butter · 1 Teel. Salz · 1 Teel. weißer Pfeffer 1 Kräutersträußchen · 2 Eßl. Madeira

- Das Bries mehrere Stunden wässern, dabei das Wasser 2–3mal wechseln. Dann 5 Minuten in hei-

Farce

Farce ist ein Sammelbegriff für streichfähige Fleischpasten. Eine Farce stellt man her, indem man gekochtes oder gebratenes Fleisch mit dem Fett und mit Gewürzen sehr fein püriert.

Ehe es die elektrischen Küchengeräte gab, wurden alle Zutaten im Mörser so lange zerstampft, bis man die Masse durch ein feines Haarsieb streichen konnte. Der Mixer macht das alles in Minutenschnelle.

Wichtig für das Gelingen der Farce ist, daß man einige Hinweise beachtet: Das Fleisch darf weder Sehnen, Häute oder gar Knochen haben. Das alles muß sorgfältig entfernt werden. Ungeeignet ist zu mageres Fleisch. Ein gewisser Fettanteil ist nötig, weil er die Farce streichfähig und geschmeidig macht. Am besten eignet sich durchwachsenes Schweinefleisch. Das Fleisch wird mit den Gewürzen in wenig Wasser fast gar gekocht (oder man läßt das Kochwasser beim Garen verdampfen). Dann wird das Fleisch mit der restlichen Kochbrühe im Mixer püriert, bis eine streichfähige Masse entstanden ist: die Farce. Als Würzmittel werden verwendet Salz, Zucker, Pfeffer, Zwiebel, Möhre, Knollensellerie und Lorbeerblatt. Das Lorbeerblatt wird vor dem Mixen entfernt, dagegen kann man die Gemüse mitpürieren, die Masse wird dadurch weniger schwer.

Die Farce wird kühl aufbewahrt.

Steak au poivre vert.
Rezept Seite 67.

ßem Wasser blanchieren, aber nicht kochen lassen. Das blanchierte Bries herausnehmen, kalt abspülen und mit Küchenkrepp trockentupfen. Die kräftige äußere Haut abziehen, nicht jedoch das dünne Häutchen, das das Bries zusammenhält. Dann das Bries zwischen zwei Brettchen, mit einem Gewicht beschwert, 1 Stunde lang pressen.

• In der Zwischenzeit die Karotten putzen und die Zwiebeln schälen und beides in Scheiben schneiden. Die Butter in einem Schmortopf erhitzen und das Gemüse darin poêlieren. Ist es bräunlich und fast gar, das Bries zugeben und von allen Seiten anbraten. Mit Salz und Pfeffer würzen, das Kräutersträußchen zugeben und den Madeira angießen. Alles zugedeckt bei milder Hitze 40 Minuten schmoren lassen.

• Das Bries in dicke Scheiben schneiden und auf einer vorgewärmten ovalen Platte dachziegelartig anrichten. Den Bratfond mit 1½ Tassen heißem Wasser aufkochen lassen, durchpassieren und die Briesscheiben damit überziehen.

Beilage: Erbsen auf französische Art (Rezept Seite 89), in Artischockenböden aus der Dose serviert, die in Butter erhitzt wurden, Zwiebelbratkartoffeln.

Rognons de veau au genièvre

Kalbsnieren in Wacholder

Dieses Gericht ist eine Variante der sautierten Kalbsnieren in Senfsauce. Machen Sie sich nicht allzu viel Gedanken wegen des Weißweins, der dazu verwendet wird. Als Grundregel gilt stets: Ein Wein, der zum Kochen verwendet wird, muß auch trinkbar sein. Also keine schwachen, verdorbenen oder überzuckerten Weine verwenden. Unerläßlich und nicht durch Hammel- oder Schweinenieren zu ersetzen sind bei diesem Rezept die Kalbsnieren. Kaufen Sie sie erst an dem Tag, an dem sie verwendet werden sollen. Ein, selbst kurzer, Aufenthalt im Kühlschrank läßt sie ihren besonderen Geschmack verlieren. Das Fett können Sie gleich vom Fleischer entfernen lassen.

Zutaten für 4 Personen:
3 Kalbsnieren • 2 Teel. Salz • 1 Teel. schwarzer Pfeffer • 200 g Butter • 10 g Wacholderbeeren • 250 g frische Champignons • 1 Teel. Mehl • 1 Eßl. Senf • $^1/_{10}$ l trockener Weißwein • $^1/_{10}$ l weißer Portwein oder halbtrockener Sherry • 1 Zitrone • 100 g Sahne

• Von den Nieren das Fett entfernen, wenn dies nicht schon geschehen ist, und das dünne Häutchen abziehen. Jede Niere der Länge nach auf-, aber nicht durchschneiden. Die weißen Gefäße im Innern herausschneiden und die Schnittflächen mit der Hälfte von Salz und Pfeffer würzen. In einer Kasserolle, die so groß ist, daß die Nieren nebeneinander Platz haben, 150 g Butter schmelzen, die Nieren hineinlegen und die Wacholderbeeren darüberstreuen. Die Nieren auf beiden Seiten anbräunen, dann die Hitze reduzieren und die Nieren zugedeckt 15 Minuten dünsten, dabei mehrmals wenden.

• In der Zwischenzeit die Champignons putzen und in nicht zu dünne Scheiben schneiden. In einer Pfanne die restliche Butter erhitzen, die Champignons hineingeben und so lange dünsten, bis alle Flüssigkeit eingekocht ist. Beiseite stellen.

• Die Nieren von der Kochstelle nehmen und warm stellen. Sie müssen innen noch leicht rosa sein. In den Kochsaft der Nieren das Mehl einrühren, den Senf, den Weißwein, den Portwein oder Sherry, den Saft der Zitrone und den Rest von Salz und Pfeffer dazugeben. Unter Umrühren zweimal aufkochen lassen.

• Die Nieren in etwa 1½ cm dicke Scheiben schneiden. Nierenscheiben mit dem ausgetretenen Fleischsaft in die Sauce legen und heiß werden lassen, aber nicht zum Kochen bringen. Kurz vor dem Servieren die Sahne und die Champignons zugeben und nochmals alles erhitzen.

• Auf einer vorgewärmten ovalen Platte die Nierenscheiben so gut wie möglich zusammensetzen und mit der Sauce überziehen.

Beilage: Pilaff-Reis, Kopfsalat. Für den Pilaff-Reis gekochten Reis in heißem Öl rösten, aber nicht bräunen.

Rognons de veau santés au Chablis

Kalbsnieren in Chablis gedünstet

Madame Joriaux macht sich aus Innereien eigentlich nicht viel. Da aber Nierengerichte etwas so typisch Französisches sind – kaum eine französische Speisekarte ohne gedünstete Kalbsnieren mit Dijon-Senf oder in Estragon-Sahne-Sauce – haben wir uns dieses Rezept von einer Freundin geben lassen.

Zutaten für 4 Personen:
500 g Kalbsnieren ohne Fett · 1 Eßl. Salz · 2 Eßl. Mehl · 1 Zwiebel oder 2 Schalotten · 6 Eßl. Öl · 1 Tasse Chablis · ½ Tasse Sahne · 1 Teel. Paprikapulver · 1 Messerspitze Cayennepfeffer

- Die Nieren in dünne Scheiben schneiden, in einer Schüssel mit dem Salz vermischen und 30 Minuten stehen lassen. Dann kalt abspülen und auf einem Sieb gut abtropfen lassen, besser noch mit Küchenkrepp trockentupfen. Dann in dem Mehl wenden.
- Die Zwiebel – oder die Schalotten – schälen und fein würfeln. In einer Pfanne das Öl erhitzen und die Nierenscheiben darin unter ständigem Wenden 5 Minuten lang anbräunen. Dann die Zwiebelwürfelchen zugeben und alles 3 Minuten weiterrösten. Den Wein angießen, die Pfanne sofort von der Kochstelle nehmen und die Nieren 4 Minuten ziehen lassen. Die Sahne mit dem Paprika und dem Cayennepfeffer verquirlen und zugeben. Nochmals kurz aufkochen lassen.

Beilage: Reis oder gebutterte Nudeln, Chicoréesalat.

Bœuf à la mode

Geschmorter Rinderbraten nach der Mode

Bild Seite 73.

Nach welcher Mode? wird der Leser fragen. Nun, das Gericht hieß ursprünglich bœuf à la royale, also nach königlicher Art. Es wurde bereits 1746 in Kochbüchern beschrieben, und während der Regierungszeit Napoleons I. gab es Restaurants mit dem Namen »Bœuf à la mode«. In Bayern, das zuzeiten außerordentlich frankophil war, hat sich ein Gericht gleichen Namens erhalten, das allerdings mehr einem abgewandelten Sauerbraten ähnelt.

Zutaten für 6 Personen:
1,5 kg Rindfleisch aus der Keule, noch besser aus der Hochrippe · 100 g Räucherspeck · 2 Teel. Salz 2 Eßl. Paprikapulver · 80 g Pflanzenfett · 150 g Möhren · 150 g Sellerieknolle · 200 g Zwiebeln · 1 Kalbsfuß ohne Knochen und blanchiert · 1 Kräutersträußchen mit Thymian, Petersilienwurzel und Majoran · 200 g Tomaten · 500 g kleingehackte Kalbsknochen · 2 l Fleischbrühe oder Wasser · 1 Knoblauchzehe · 50 g Mehl

- Das Fleisch waschen und trockentupfen. Fleisch aus der Keule muß gespickt werden, bei der Hochrippe ist es nicht nötig. Den Speck in dicke Streifen schneiden und das Fleisch damit spicken. Die Speckenden sollen vorstehen. Das Fleisch mit dem Salz und dem Paprikapulver einreiben.
- In einer Ofenpfanne mit Deckel die Hälfte des Fettes sehr heiß werden lassen und das Fleisch darin von allen Seiten kräftig anbräunen.
- Möhren, Sellerie und Zwiebeln putzen bzw. schälen, grob zerschneiden und dazustreuen. Den Kalbsfuß und das Kräutersträußchen ebenfalls zugeben. Die Tomaten abziehen, halbieren und um das Fleisch herumlegen. Das Gericht zugedeckt bei kleiner Hitze 1 Stunde lang schmoren lassen.
- In einem Schmortopf das restliche Fett erhitzen und die Kalbsknochen darin braun rösten. Mit der Fleischbrühe oder mit Wasser aufgießen, den Knoblauch zugeben und alles zugedeckt 2 Stunden kochen lassen.
- In einer Pfanne das Mehl ohne Fett unter ständigem Rühren hellbraun werden lassen. ¼ l kaltes Wasser angießen und die Mehlschwitze in die Knochenbrühe gießen.
- Die Brühe durchsieben und an den Braten gießen. Nochmals 10 Minuten lang kochen lassen. Dann das Fleisch herausnehmen und warm stellen. Die Sauce durchs Sieb rühren. Sie wird gesondert gereicht.

Beilage: Salzkartoffeln oder gebutterte Nudeln.

Plats à la bonne femme Hausmannsgerichte

Natürlich gibt es auch in Frankreichs Haushaltsküchen die Gerichte nach Großmutter-Art, die deftigen Gemüse-Fleisch-Töpfe, die Schmorbraten und Kohlrouladen. Sie entstammen fast ausnahmslos den verschiedenen Landesküchen und sind leicht bestimmten Regionen zuzuordnen. Grundregel Nummer eins auch bei diesen Gerichten: Die Zutaten werden mit aller Sorgfalt ausgesucht, sie müssen frisch und von bester Qualität sein. Niemals gibt es die berüchtigten Resteverwertungs-Eintöpfe mit dem langweiligen Einheitsgeschmack.

Sie finden in diesem Kapitel außerdem eine Anzahl aparter Gemüsegerichte – bei den Franzosen gelten übrigens auch Kartoffeln als geschätztes Gemüse und nicht nur als Magenfüller. Ein eigenes Gemüsekapitel fehlt in diesem Buch, Sie haben das wahrscheinlich schon festgestellt. Für die meisten Gemüsezubereitungen braucht man nämlich gar kein echtes Rezept: Gemüse werden entweder in Butter oder Öl gedünstet oder geschmort, manchmal erst kurz in Salzwasser gegart und anschließend in Butter fertiggedünstet.

Le mouton en daube

Geschmorter Hammelbraten

Frankreichs Küche ist für seine Hammelgerichte berühmt. Das liegt sowohl an der Qualität des Hammelfleisches, als auch an der Kochkunst der Hausfrauen. Die Touristen essen in den Restaurants meistens Lammrückenbraten mit Knoblauchkruste, also nach provenzalischer Art. Wir haben hier ein Schmorgericht ausgesucht, das nicht mit Lamm, sondern mit ausgewachsenem Hammel zubereitet werden muß, weil es so besser schmeckt.

Zutaten für 6 Personen:
1,5 kg (mit Knochen gewogen) Hammelfleisch von Schulter oder Keule • 80 g Räucherspeck • 2 Teel. Salz • 1 Teel. schwarzer Pfeffer • 1 Teel. roter Pimentpfeffer • 2 Teel. getrocknete Provencekräuter (fertig erhältlich).
Für die Marinade:
1 Zwiebel • 1 Möhre • 1 Zweiglein Thymian • 1 Lorbeerblatt • 3 Knoblauchzehen • 2 Eßl. Olivenöl • 2 Tassen trockener Weißwein • 100 g geräucherter Magerspeck • 1 dünne Scheibe fetter Räucherspeck • 3 Hammelfüße • 200 g Schwarte von Räucherspeck • 500 g Zwiebeln • 4 Knoblauchzehen • 2 schnittfeste Tomaten • 6 Teel. Salz • 1 Kräutersträußchen • 1 Stück getrocknete Orangenschale • $^1/_4$ l trockener Weißwein • $1^1/_2$ Schnapsgläser Cognac • 2 Tassen Fleischbrühe

• Die Knochen gleich beim Fleischer auslösen lassen. Das Fleisch in große Stücke von 80–130 g schneiden, dabei auf die Struktur des Fleisches achten und die natürlich gewachsenen Partien möglichst nicht zerschneiden. Den Speck in 3–5 cm lange Stäbchen schneiden. Das Salz, den schwarzen und den roten Pfeffer sowie die Kräuter miteinander mischen und die Speckstreifen darin wenden. In jedes Fleischstück kleine Einschnitte machen und die Speckstreifen hineinstecken.
• Aus der geschälten Zwiebel, der geputzten Möhre, dem Thymian, dem Lorbeerblatt, den geschälten, zerdrückten Knoblauchzehen, dem Olivenöl und dem Weißwein eine Marinade bereiten und die gespickten Fleischstücke darin zugedeckt etwa 12 Stunden ziehen lassen.
• Den Magerspeck und den fetten Speck in breite Streifen schneiden. Die Hammelfüße waschen, Fellreste abschneiden. Die Füße blanchieren und kalt abspülen. Die Speckschwarte in dünne Streifen schneiden. Hammelfüße, Speck- und Schwartenstreifen in 2–3 l Wasser 8 Minuten kochen. Abgießen.
• In einen großen, am besten gußeisernen Schmortopf die Hammelfüße und einen Teil der Speck- und Schwartenstreifen legen. Der Boden soll damit bedeckt sein. Die Hälfte der marinierten Fleischstücke auf die Hammelfüße legen und fest eindrücken. Die geschälten, in Scheiben geschnittenen Zwiebeln, die geschälten, zerschnittenen Knoblauchzehen, die geviertelten Tomaten und den Rest von Speck- und Schwartenstreifen darauf verteilen. Mit dem Salz würzen. In die Mitte das Kräutersträußchen und die Orangenschale legen. Als oberste Schicht kommen die restlichen Fleischstükke. Es soll so wenig Zwischenraum wie möglich entstehen, deshalb alle Zutaten immer wieder fest zusammendrücken. Die Marinade durch ein Sieb in den Topf gießen, ebenso den Weißwein, den Cognac und die Fleischbrühe.
• Das Gericht zugedeckt im Backofen bei mittlerer Hitze 6 Stunden schmoren lassen. (Oder 1 Stunde auf dem Herd bei milder Hitze und 5 Stunden im Backofen.) Nicht umrühren! Wenn sich nach dem Garen sehr viel Fett auf der beim Schmoren entstandenen Sauce gebildet hat, dieses abschöpfen.

Beilage: grüne Bohnen, Bäckerinkartoffeln: halbgar gekochte Kartoffeln, in Scheiben, mit Bratensauce vermischt und im Ofen gebacken.

Miroton

Rindfleisch geschmort mit Möhren

Unter den bäuerlichen Gerichten gibt es einige, die so besonders wohlschmeckend sind, daß sie seit Generationen von den Hausfrauen immer wieder gekocht werden. Weil zu den meisten dieser Gerichte frische Gemüse verwendet werden, haben sie eine »Saison«. Dieser Miroton zum Beispiel kommt im Frühherbst auf den Tisch.

Zutaten für 4 Personen:
5 Zwiebeln • 750 g Ochsenbrust, wenig durchwachsen • 2 Teel. Salz • 2 Teel. feiner schwarzer Pfeffer 5 Eßl. Schweineschmalz • 500 g Möhren • ½ Teel. getrocknete, pulverisierte Pilze • 1 Glas trockener Weißwein

• Die Zwiebeln schälen und in dicke Scheiben schneiden. Das gewaschene Fleisch in etwa 5 cm große Würfel schneiden und mit dem Salz und dem Pfeffer einreiben.
• In einem großen Schmortopf das Schweineschmalz erhitzen und die Zwiebelscheiben darin unter Rühren glasig bis hellbraun werden lassen. Die Fleischwürfel auf dieses Zwiebelbett legen und zugedeckt, ohne Wasserzugabe, bei sehr milder Hitze etwa 45 Minuten lang schmoren.
• In der Zwischenzeit die Möhren putzen und in große Stifte schneiden. Das Pilzpulver über das Fleisch streuen, den Wein und dieselbe Menge Wasser angießen und die Möhrenstifte zugeben. Den Topfinhalt durchrühren und das Gericht zugedeckt 20–30 Minuten, je nach Alter der Möhren, schmoren lassen. Dabei soll ein Teil der Flüssigkeit einkochen.

Beilage: in Butter geschwenkte Kartoffeln, mit Petersilie bestreut.

Choucroute garnie

Garniertes Sauerkraut

Das Sauerkraut, von Ausländern häufig als typisches »Teutonengericht« verlästert, wird auch in Frankreich gern gegessen, insbesondere im Elsaß (das allerdings lange Zeit deutsch war). Im Gegensatz zur scharf-süßen Art der ungarischen Zubereitung bleibt es bei den französischen Hausfrauen spürbar sauer.

Zutaten für 4 Personen:
1250 g Sauerkraut • 150 g geräucherte fette Speckschwarten • 250 g geräucherter Magerspeck • 300 g Kochwurst • 500 g Pökelfleisch • 2 Zwiebeln • 2 Möhren • 1 Bund gemischte Kräuter • 100 g Schweine- oder Gänseschmalz • ½ l trockener Weißwein

• Das Sauerkraut lockerzupfen. Eine große Kasserolle mit den Speckschwarten auslegen und die Hälfte des Sauerkrauts darüberschichten. In die Mitte den Magerspeck, die Wurst und das Pökelfleisch einbetten.
• Die Zwiebeln und die Möhren schälen beziehungsweise putzen und klein schneiden und mit dem Kräuterbündel auf das Fleisch legen. Den Rest des Sauerkrauts darüberdecken, das Schmalz darauf verteilen und den Wein sowie einige Eßl. Wasser darübergießen. Ein passendes Stück Alufolie einfet-

Blanchieren

Blanchieren bedeutet wörtlich »weißmachen«. Gemeint ist das Überbrühen von Rohstoffen. Das Wasser wird danach weggegossen. Genaugenommen ist Blanchieren nur ein intensiveres Waschen, denn der eigentliche Garprozeß beginnt erst danach in einem neuen Arbeitsgang. Blanchiert werden zum Beispiel Spinat, Grünkohl, Geflügel, Rinderknochen für Consommé.

ten und die Kasserolle damit gut verschließen. Das Gericht im vorgeheizten Backofen bei milder Hitze etwa 3 Stunden schmoren lassen.

• Die Kräuter entfernen und das Kraut auf eine vorgewärmte Platte häufen. Fleisch, Speck und Wurst in Portionsstücke zerteilen und das Kraut damit garnieren.

Unser Tip: Anstatt Pökelfleisch können Sie auch eine Schweinshaxe, frisch oder geräuchert, oder Stücke von Gänse- oder Entenbraten verwenden.

Hachis Parmentier

Kartoffelauflauf mit Rindfleisch

Dies ist ein Restegericht – aber eines mit besonderem Pfiff. Es paßt gut für eine Montagsmahlzeit, wenn man die Überbleibsel vom Sonntagessen verwerten will. Deshalb nimmt Madame Françoise anstelle des gekochten Rindfleischs gern Reste vom Schmorbraten, vom Bœuf bourguignon. Die Zutaten darf man ohne weiteres variieren, ganz nach Geschmack.

Zutaten für 4 Personen:
250 g gekochtes oder geschmortes Rindfleisch, mit Fett • 100 g gekochter Schinken, auch mit Fett • 2 mittelgroße Zwiebeln oder Schalotten • 1 Tasse Bouillon • 65 g Butter • 125 g Kartoffelpüreeflocken (oder 250 g Kartoffelbrei) • 1½ Teel. Salz • 1 Teel. feiner weißer Pfeffer • ½ Teel. geriebener Muskat • 4 Eßl. geriebener Käse

• Das Fleisch und den Schinken durch die grobe Scheibe des Fleischwolfs drehen oder mit dem Wiegemesser zerkleinern. Die Zwiebeln oder Schalotten schälen, in dünne Scheiben schneiden und mit der Bouillon vermischen.

• Mit der Hälfte der Butter eine flache feuerfeste Form ausstreichen. Auf dem Boden der Form die Hälfte der Zwiebeln verteilen, darauf die Fleisch-Schinken-Masse und auf dieser den Rest der Zwiebeln. Glattstreichen.

• Das Kartoffelpüree nach Vorschrift bereiten und mit dem Salz, dem Pfeffer und dem Muskat würzen. Die Zwiebelschicht dick mit dem Püree bedecken. Wieder Oberfläche glätten. Den Käse aufstreuen und die restliche Butter in Flöckchen aufsetzen.

• Den Auflauf im vorgeheizten Backofen 50 Minuten bei 250° garen. In den letzten 10 Minuten die Oberhitze verstärken.

Beilage: grüner Salat.

Chou farci au Rosé

Kohlkopf in Roséwein

Dieses Rezept hat Madame Joriaux von einer Freundin aus dem Elsaß erhalten. Ob es dort auch beheimatet ist, konnte sie mir allerdings nicht sagen. Die Verwandtschaft mit unseren Kohlrouladen ist aber unverkennbar.

Zutaten für 4 Personen:
1 Weißkohlkopf von 800 g • Salz • 300 g Hackfleisch, halb Schwein, halb Rind • 125 g Gänseschmalz • 1 Teel. feiner weißer Pfeffer • 2 Brötchen 2 mittelgroße Zwiebeln • 4 Scheiben roher Schinken oder geräucherter Bauchspeck • ½ l elsässischer Rosé oder badischer Weißherbst • evtl. 1–2 Eßl. saure Sahne

• Den Kohlkopf am Strunk sehr kurz abschneiden und die Blätter abziehen, ohne sie zu zerbrechen. Die Blätter waschen und in Salzwasser (etwa 1 Eßl. auf 1½ l) 5 Minuten kochen. Abtropfen lassen und auf einem Küchenbrett ausbreiten. Besonders dicke Rippen aus den Blättern herausschneiden.

• In einer Schüssel das Hackfleisch mit der Hälfte des Gänseschmalzes, 1 Teel. Salz, dem Pfeffer und den eingeweichten, wieder ausgedrückten Brötchen sehr gut verarbeiten. Die Zwiebeln schälen und in dünne Scheiben schneiden. Die Schinkenscheiben ausbreiten.

• Die Hälfte der Kohlblätter halb über-, halb nebeneinander legen, den Hackfleischkloß in die Mitte setzen und die restlichen Blätter darüber decken. Als letzte Schicht kommen außen die Schinkenscheiben herum. Sie werden mit Küchengarn festgebunden, so daß eine Kugel entsteht. Man drückt sie vorsichtig etwas flach.

• Das restliche Gänseschmalz in einem Schmortopf erhitzen, die Zwiebelscheiben hineinlegen und auf dieses Bett den gefüllten Kohlkopf setzen. Den Wein angießen. Zugedeckt auf dem Herd 25 Minuten schmoren lassen, dann im Backofen ohne Deckel weitere 30 Minuten garen. Wenn nötig, nach 10 Minuten noch etwas Wein nachgießen.

• Madame Joriaux gibt zuletzt noch etwas saure Sahne an die Sauce, die durch die zerschmorten Zwiebeln leicht gebunden ist.

Beilage: gebutterte Pellkartoffeln.

Gnocchis géants farcis

Gefüllte Riesennocken

Die großen und kleinen Nocken aus Maismehl, Grieß, Mehl oder Kartoffeln sind aus der italienischen Küche übernommen. In französischen Restaurants werden sie nur selten angeboten, in den Haushalten dagegen häufig zubereitet. Große Nocken, wie die in unserem Rezept, machen weniger Arbeit als die kleinen – aber sie schmecken genauso gut.

Zutaten für 4 Personen:
1 Zwiebel · 80 g Butter · 100 g Schweineleber · Salz · 1 Teel. weißer Pfeffer · 350 g Salz- oder Pellkartoffeln (Reste) · 2 Eigelbe · 5 gestrichene Eßl. Mehl

Gemüse

In Frankreich ist Gemüse nicht nur eine magenfüllende Nebensache, die, zu lange gekocht und lieblos gewürzt, eben notgedrungen dazugehört, sondern steht gleichberechtigt neben dem Fleisch- oder Fischgericht. Und es wird auch mit derselben Sorgfalt zubereitet. Wer jemals auf einem französischen Markt die zarten Frühjahrsgemüse gesehen hat – gewaschene und handverlesene Karotten in kleinen Bündeln, die Spargel mit den grün-lila Köpfen, die hauchzarten Erbsen und prallen Artischocken – und die Sachkenntnis erlebt hat, die französische Hausfrauen beim Gemüseeinkauf entwickeln, hat den augenfälligsten Beweis erhalten für die Liebe des Franzosen zu den Früchten von Feld und Garten.

Kartoffeln gehören übrigens in Frankreich ebenfalls zu den Gemüsen, und man läßt ihnen bei der Zubereitung dieselbe Sorgfalt zuteil werden. Die klassische Restaurantküche kennt etwa 160 verschiedene Kartoffelgerichte!

Im Restaurant bestellt man sich meist das Gemüse gesondert, ganz nach Gusto und zum jeweiligen Hauptgericht aus Fleisch oder Fisch passend.

Tripes à la mode de Caen.
Das Bild zeigt die Tripes vor dem Schmoren.
Hinterher ist das Gericht dunkelbraun, fast wie Gulasch.
Rezept unten auf dieser Seite.

• Die Zwiebel schälen und fein hacken. In einer Pfanne 20 g Butter erhitzen und die Zwiebel darin glasig dünsten. Die Leber durch den Fleischwolf drehen, zu den Zwiebeln in die Pfanne geben und 3 Minuten unter Wenden anbraten. Zugedeckt 2 Minuten weiterschmoren lassen. 1 Teel. Salz und den Pfeffer zugeben.
• Die Kartoffeln reiben und in einer Schüssel mit den Eigelben und 1 Teel. Salz vermischen. So lange mit einem Holzlöffel schlagen, bis sich die Masse von der Schüssel löst. Dann 3 Eßl. Mehl unterkneten und Nocken in Mandarinengröße formen. In jede Nocke mit dem Daumen ein Loch drücken, 1 Teelöffel der Füllung hineingeben und den Kartoffelteig wieder darüberstreichen. Die Nocken im restlichen Mehl wenden, überschüssiges Mehl leicht abklopfen.
• 1 l Wasser mit 2 Eßl. Salz in einem großen Topf zum Kochen bringen und die Nocken hineinlegen. Aufkochen lassen, dann die Hitze reduzieren und die Nocken 15 Minuten ziehen lassen. Wenn sie an die Oberfläche kommen, umdrehen. Die garen Nokken mit einem Schaumlöffel herausnehmen, abtropfen lassen und auf einer vorgewärmten runden Platte anrichten.
• Die restliche Butter in einer Pfanne hellbraun werden lassen und über die Nocken gießen. Sofort servieren.

Die Nocken werden mit der Lebermasse gefüllt.

Unser Tip: Die Nocken eignen sich als Beilage zu Schmorfleisch, Rinderrouladen oder Gulasch, bilden aber, zusammen mit einem Salat, auch eine komplette Mahlzeit.

Tripes à la mode de Caen

Kutteltopf

Bild nebenstehend.

Kutteln werden in allen südlichen Ländern – ob Frankreich, Italien oder Spanien – nicht wie in Deutschland naserümpfend betrachtet, sondern hochgeschätzt. Unser Kutteltopf ist ein sehr typisches – und berühmtes – Gericht. Die Garzeit ist allerdings recht lang. Wenn man will, kann man auch vorgekochte Kutteln kaufen.

Zutaten für 4 Personen:
1 kg Kutteln • 3 Zwiebeln • 2 Petersilienwurzeln • 2 gespaltene Ochsenfüße • 1 Kräutersträußchen • 1 Lorbeerblatt • 1 gestrichener Teel. Salz • 1 gestrichener Teel. Pfeffer • 4 Gewürznelken • 2 Tassen kleingeschnittenes Suppengemüse • 6 Eßl. Öl • 6 Eßl. Cognac • evtl. Mehl

• Die Kutteln waschen, mit kochendem Wasser überbrühen und abtropfen lassen. Die Zwiebeln schälen. Die Petersilienwurzeln putzen. Die Kutteln in etwa 5 cm lange schmale Streifen schneiden.
• Die Streifen mit den Ochsenfüßen, dem Kräutersträußchen, dem Lorbeerblatt, dem Salz, dem Pfeffer, den Nelken, dem Suppengemüse, den Zwiebeln und den Petersilienwurzeln in einen Suppentopf schichten. Das Öl und danach den Cognac darübergießen und so viel Wasser angießen, daß alles bedeckt ist.
• Den Topf hermetisch verschließen (am besten mit einer Teigplatte aus Wasser und Mehl). Die Kutteln bei mittlerer Hitze zum Kochen bringen, dann in den vorgeheizten, mäßig warmen Backofen schieben und mehrere Stunden garen lassen. Am besten stellt man sie über Nacht (10–12 Stunden) in den Ofen. Die Kutteln sind gar, wenn sie sich leicht zerdrücken lassen. Die Flüssigkeit soll dann um etwa die Hälfte eingekocht sein.

Beilage: Kartoffeln oder Stangenweißbrot.

Cassoulet.
Rezept unten auf dieser Seite.

Plats à la bonne femme
Hausmannsgerichte

Cassoulet

Überbackener Bohnentopf

Bild nebenstehend.

Auch Cassoulet ist ein bäuerliches Gericht. Es ist nicht schwierig, muß aber mit Sorgfalt zubereitet werden. Unbedingt nötig und durch nichts zu ersetzen ist ein Stück Gänsefleisch. Reste vom Gänsebraten eignen sich gut dazu.

Zutaten für 4 Personen:
500 g weiße Bohnen • 1 Stange Porree • 3 Zwiebeln • 2 l Hühnerbouillon • 250 g geräucherter Magerspeck • 125 g Kochwurst mit Knoblauch • 1 Gänsekeule • ½ Teel. Knoblauchsalz • 1 gestrichener Teel. Salz • ½ Teel. schwarzer Pfeffer • 1 Teel. getrockneter Thymian • je 1 Büschel Petersilie und Sellerieblätter • 1 Lorbeerblatt • 375 g Tomaten • 1 Tasse Zwiebel- und Selleriewürfel • 2 Eßl. Öl • ½ Tasse trockener Weißwein

• Die Bohnen am Vortag einweichen. Den Porree putzen, die Zwiebeln schälen, beides kleinschneiden. In der Bouillon die Bohnen, die Wurst und die Gänsekeule aufkochen. Porree, Zwiebeln, die Gewürze, die kleingeschnittenen Kräuter und das Lorbeerblatt zugeben und alles zugedeckt bei milder Hitze 45 Minuten leise kochen lassen. Dann Wurst, Speck und Gänsekeule herausnehmen. Die Bohnen weitere 30 Minuten kochen lassen. Die Bouillon durchsieben.
• Die Tomaten überbrühen, abziehen und würfeln. In einer Pfanne die Zwiebel-, Sellerie- und Tomatenwürfel in dem Öl andünsten, den Wein angießen und alles unter die Bohnen mischen.
• In eine große Kasserolle eine Schicht Bohnen geben und darauf in Lagen Wurstscheiben, Fleischwürfel und wieder Bohnen. So viel Bouillon darübergießen, daß die Bohnen fast bedeckt sind. Im vorgeheizten Backofen bei 175° etwa 1 Stunde überbacken.

Pommes de terre aux truffes

Trüffelkartoffeln

Trüffeln sind leider sehr teuer und deshalb meistens kostbaren Pasteten vorbehalten. Das folgende Rezept kombiniert sie jedoch mit den anspruchslosen Kartoffeln – eine luxuriöse Beilage zu entsprechenden Hauptgerichten wie Hirschbraten, Kalbsfilet oder Fasan.

Zutaten für 4 Personen:
2 kg festkochende Kartoffeln • 50 g Trüffeln • 4 Eßl. Gänseschmalz • 1 Teel. Salz • 1 Teel. weißer Pfeffer

• Die Kartoffeln schälen, waschen, abtrocknen und in dünne Scheiben schneiden. Die Trüffeln ebenfalls in Scheiben schneiden. Eine Eisenpfanne mit starkem Boden gut ausfetten, die Kartoffelscheiben abwechselnd mit den Trüffeln hineinschichten, mit dem geschmolzenen Gänseschmalz übergießen, salzen und pfeffern. Im Backofen oder auf dem Herd bei mittlerer Hitze braten. Wenn die Unterseite der Kartoffeln braun ist, vorsichtig umdrehen und von der anderen Seite braten. Sehr heiß servieren.

Unser Tip: Wieviel Trüffeln Sie verwenden wollen, hängt von Ihrem Geldbeutel ab. Unser Rezept gibt nur einen ungefähren Anhaltspunkt.

Ratatouille

Ratatouille

Übersetzen läßt sich der Name dieses herrlichen Gerichts der Mittelmeerküche schlecht. Die Gemüse werden zwar zusammen in einem Topf geschmort – ein »Eintopf« ist es aber trotzdem nicht im eigentlichen Sinne. Lassen wir's also bei Ratatouille; sie ist inzwischen ohnehin so bekannt, daß nähere Erklärungen unnötig sind.

Zutaten für 4 Personen:
500 g Courgettes (Zucchini) • 250 g Auberginen • 250 g Zwiebeln • 250 g Tomaten • ½ Tasse Olivenöl • ½ Teel. Rosmarinblätter, getrocknet • ½ Teel. Oreganoblätter, getrocknet • 1½ Teel. Salz • ½ Teel. feiner weißer Pfeffer

• Die Courgettes und die Auberginen für 10 Minuten in den heißen Backofen legen. Danach die Haut abziehen und Courgettes und Auberginen in dicke Scheiben schneiden. Die Zwiebeln schälen und in dünne Scheiben schneiden. Die Tomaten überbrühen, enthäuten und halbieren.
• In einer Kasserolle das Öl heiß werden lassen, die Zwiebelscheiben, die Kräuter, das Salz und den Pfeffer zugeben. Die Zwiebelscheiben bei milder Hitze glasig werden lassen. Das vorbereitete Gemüse zugeben. Gründlich umrühren, damit sich Öl und Gewürze gleichmäßig verteilen, und das Ganze zugedeckt 20 Minuten bei milder Hitze schmoren lassen. Nach 10 Minuten Garzeit 1 Tasse Wasser angießen. Nach 20 Minuten den Deckel abnehmen und die Ratatouille unter ständigem Rühren mit einem Holzlöffel musig zerkochen lassen.

Unser Tip: Die Ratatouille paßt zu allen Grilladen und Pfannengerichten, zu Huhn und zu gebratenen Fischen. Man kann sie aber ebensogut als leichtes Hauptgericht mit Stangenweißbrot servieren.

Champignons à la crème
Rahmchampignons

Dieses Champignonrezept ist international bekannt. Man braucht dazu unbedingt frische Pilze, des Aromas wegen. Nehmen Sie bitte nicht mehr Sahne, als in den Zutaten angegeben; das Gericht wird sonst zu fett. Rahmchampignons eignen sich als Beilage zu Kalbsfilet, Kalbssteaks, Naturschnitzeln und gebratenen Hühnchen.

Zutaten für 4 Personen:
500 g frische, kleine Champignons • 50 g Butter • ¼ l Sahne • 1 Zwiebel • 1 gestrichener Eßl. Mehl oder 2 gestrichene Eßl. Semmelbrösel • 1 Teel. Salz ½ Teel. feiner weißer Pfeffer

• Die Champignons putzen, kalt abspülen, abtropfen lassen und mit Küchenkrepp trocknen.
• Die Butter in einer Kasserolle zerlassen, die Sahne zugeben und die geschälte, fein gewürfelte Zwiebel darin glasig werden lassen. Die Champignons zugeben und zugedeckt 5 Minuten dünsten. Dann das Mehl – oder die Semmelbrösel – vorsichtig, damit die Pilze nicht zerbrechen, einrühren und alles 2 Minuten weiterdünsten. Mit dem Salz und dem Pfeffer würzen.

Unser Tip: Madame Joriaux rührt ab und zu noch 1 Teel. flüssigen Fleischextrakt sowie einige fein gehackte Estragonblätter unter die Sauce.

Champignons des ducs
Champignons Herzogs-Art

Diese Variante der Rahmchampignons läßt sich zur Not auch mit Dosenpilzen zubereiten. Das Gericht eignet sich als warme oder kalte Beilage oder als Salat. Auch überbacken auf Toast schmecken die Champignons sehr gut.

Zutaten für 4 Personen:
300 g kleine frische Champignons oder ½ Dose kleine Köpfe • 1 Zitrone • 1 Tasse Sahne • 2 Teel. heller, scharfer Senf • 1 Teel. Salz • ½ Teel. feiner weißer Pfeffer • 2 Eßl. fein gehackte Petersilie

• Frische Champignons putzen, kalt abspülen, abtropfen lassen und mit Küchenkrepp trocknen. Vierteln und mit dem Saft der Zitrone beträufeln.
• Die Sahne mit dem Senf, Salz und Pfeffer verrühren. Die Pilze unter die Sahne mischen, in eine feuerfeste Form füllen und im Backofen bei 200° 20 Minuten lang garen. Auf einer vorgewärmten Platte kuppelförmig anrichten und mit der Petersilie bestreuen.

Lentilles à la paysanne

Bauernlinsen

Linsen werden in Frankreich als Gemüse gegessen, nicht als Suppe oder Eintopf. In den Restaurants serviert man die Linsen püriert, im Haushalt macht man sich diese Mühe nicht. Die Bauernlinsen eignen sich als Beilage zu geschmorten Schweinsfüßen, zu Gänse- oder Entenbraten.

Zutaten für 4 Personen:
750 g kleine, helle Linsen • 1 Zwiebel • 100 g geräucherter Brustspeck • 2 Eßl. Olivenöl • 1 Teel. Salz

- Die Linsen 12 Stunden lang zugedeckt in reichlich kaltem Wasser einweichen, am besten über Nacht.
- Die Zwiebel schälen und fein würfeln. Den Speck, ohne Schwarte, ebenfalls klein würfeln. In einer Kasserolle das Öl erhitzen und Zwiebel- und Speckwürfel darin glasig werden lassen. Die Linsen und das Salz zugeben und so viel Wasser aufgießen, daß alles bedeckt ist. Einmal aufkochen lassen, dann die Hitze reduzieren und die Linsen zugedeckt etwa 45 Minuten ziehen lassen. Nur vorsichtig umrühren! Die Linsen sollen nicht zerfallen.

Marmite

Die Marmite ist ein großer Suppentopf, ein Kessel, in dem man die Mahlzeit für die ganze Familie kochte, früher auf dem Lande. Der Name des Kochtopfs hat sich auf seinen Inhalt übertragen, und wenn heute auch nicht mehr ein Kessel überm Feuer hängt, das Gericht aus mancherlei Gemüsen, Fleisch und Huhn gehört nach wie vor zu den Spezialitäten der französischen Küche.

Wichtig bei der Zubereitung einer Marmite ist, daß ausgesucht frisches Gemüse verwendet wird und alle Ingredienzen im richtigen Mengenverhältnis zueinander stehen.

Hier folgen nun die ungefähren Maßeinheiten für eine Marmite: Man braucht für 3 Liter fertige Suppe 750 g Rinderbrust, 1 kg Rinderknochen, davon einige Markknochen, ½ Suppenhuhn, 200 g geräucherten Bauchspeck, 200 g Möhren, ½ Sellerieknolle mit Herzblättern, 500 g Kohlrabi oder weiße Rübchen, 8 Petersilienwurzeln, 2 Zwiebeln, halbiert und auf dem Herd braun geröstet, ½ Lorbeerblatt, ¼ Blumenkohl, 1 Stange Porree, 2 Kartoffeln. Alles Fleisch und die Knochen werden zuerst zusammen blanchiert, dann mit 5 Litern Wasser und Salz aufgesetzt. Nach 60 Minuten kommt das Gemüse dazu, geputzt und in große Stücke geschnitten oder auch ganz gelassen. Nach weiteren 40 Minuten werden die Knochen entfernt, und man läßt die Suppe auf 3 Liter eindampfen. (Vorherige Kochverluste an Flüssigkeitsmenge werden immer wieder ergänzt.) Zuletzt das Fleisch in mundgerechte Stücke schneiden.

Eine ganz nahe Verwandte der Marmite ist übrigens der ebenso berühmte pot-au-feu. Man kann dafür mehrere Fleischarten verwenden – Kalb, Schwein oder Hammel –, und beim pot-au-feu werden Gemüse und Fleisch separat serviert.

Tartelettes aux épinards

Spinattörtchen

Spinatgerichte werden in Frankreich besonders delikat zubereitet. Diese Spinattörtchen sind eine aparte Beilage zu festlichen Gerichten wie Lammrücken, Beefsteaks, Kalbsbraten.

Zutaten für 4 Personen:
2½ kg junger Spinat • 50 g Butter • 1 Teel. Zucker
½ Teel. abgeriebene Zitronenschale.
Für den Teig:
500 g Mehl • 200 g Butter • 1 Ei • 1 Teel. Salz •
1 gestrichener Eßl. Zucker • 1½ gestrichene
Eßl. Puderzucker

• Den Spinat verlesen und sehr gründlich kalt waschen, in kochendem Wasser 5 Minuten blanchieren, dann aufs Sieb schütten und abtropfen lassen. Mit einem großen Messer oder Wiegemesser grob zerschneiden.
• In einer Kasserolle die Butter schmelzen. Den Zucker einstreuen. Wenn er sich aufgelöst hat, den Spinat zugeben und 10 Minuten zugedeckt bei milder Hitze dünsten. Zuletzt die Zitronenschale unterrühren. Abkühlen lassen.

Mit dem Messerrücken teilt man die Spinattörtchen in gleich große Vierecke.

• Für den Teig das gesiebte Mehl, die in Stückchen geschnittene Butter, das Ei, das Salz, den Zucker und ½ Tasse Wasser schnell mit kalten Händen zu einem Teig verarbeiten. Den Teigkloß zugedeckt 30 Minuten im Kühlschrank ruhen lassen.
• Dann den Teig in zwei Hälften teilen und auf einem bemehlten Brett zu zwei gleich großen viereckigen Platten ausrollen. Auf die eine den Spinat verteilen, die zweite Platte darüberdecken und mit Wasser bestreichen. Mit einem Messerrücken in gleich große Portionen abteilen. Die Törtchen auf dem Backblech im vorgeheizten Ofen bei 200° 20 Minuten backen.

Epinards en branche

Blattspinat

Dieses wohl berühmteste Gemüsegericht der französischen Küche gehört zum kleinen Küchen-Einmaleins jeder französischen Hausfrau. Manche Gerichte sind ohne den geliebten Blattspinat gar nicht denkbar. Die Zubereitung ist so einfach und selbstverständlich, daß man fast versucht ist zu fragen, weshalb dieses Gemüsegericht eigentlich so berühmt ist.

Zutaten für 4 Personen:
1 kg junger Spinat • 75 g Butter • 1 Teel. Salz

• Den Spinat putzen und verlesen. In reichlich kaltem Wasser 3–4 mal waschen, so daß der Spinat völlig frei von Sand ist. Dann die Spinatblätter in kochendem Wasser 5 Minuten blanchieren, anschließend mit dem Schaumlöffel herausholen und zum Abkühlen in kaltes Wasser legen.
• Nach 10 Minuten die Blätter herausnehmen und sie dabei mit beiden Händen auspressen. Die Blätter in kleinen Portionen von jeweils 1 Handvoll zu einem Paket zusammendrücken.
• Mit der Hälfte der Butter in dicken Flocken ein Backblech belegen, die Spinatpaketchen nebeneinander daraufsetzen, mit dem Salz bestreuen und die restliche Butter in Flöckchen darauf verteilen. Im Ofen bei mittlerer Hitze 20–25 Minuten garen.

Unser Tip: Man kann anstelle von Salz auch eine Mischung aus Salz, zerriebener Knoblauchzehe und Olivenöl verwenden. Das verleiht dem Spinat besonderen Wohlgeschmack. Besonders gut paßt der Blattspinat zu côte d'agneau, Kalbskoteletts, Kalbsbries, Omelette und Kalbsrücken.

Petits pois à la française

Junge Erbsen französische Art

Wichtig bei diesem Gericht ist, daß die Zutaten ganz frisch sind. Die Erbsen müssen zuckersüß und so zart sein, daß sie auf der Zunge zergehen. Erbsen nach französischer Art passen als Beilage, zum Beispiel zu Kalbsbraten, Filets und Brathuhn.

Zutaten für 4 Personen:
500 g Erbsen • 1 kleiner Kopf Salat • 4 Eßl. Perlzwiebeln (Saatzwiebeln) • 75 g Butter • 2 Stück Würfelzucker • 1 Stengel Petersilie • 1 Teel. Salz

• Die Erbsen nach Möglichkeit erst kurz vor dem Gebrauch aus den Schoten lösen. Müssen die Erbsen doch aufbewahrt werden, dann in den Schoten im Gemüsefach des Kühlschranks. Den Salat putzen, waschen und abtropfen lassen und in schmale Streifen schneiden. Die Zwiebelchen ebenfalls waschen und abtropfen lassen.

Omelette

Eine Omelette – es muß richtig »die« Omelette heißen, denn im Französischen ist sie weiblichen Geschlechts – ist im Grunde nichts weiter als ein Rührei in einer typischen Form.

Die ganzen Eier werden mit der Gabel verquirlt und dann gesalzen. Eine Pfanne – die möglichst nur der Zubereitung von Omelettes dient – wird erhitzt. Dann reduziert man die Hitze und läßt Butter in der Pfanne schmelzen, aber nicht braun werden. Nun gießt man die verquirlten Eier hinein und verrührt dabei die Eimasse mit einem Pfannenmesser (Palette) ganz leicht. Vorsichtig: Die Eimasse muß zusammenhängen und darf nicht, wie ein Rührei, aus Flocken bestehen! Wenn die Omelette an der Oberfläche noch etwas flüssig ist, ist sie gar. Man läßt die Omelette an den Pfannenrand gleiten oder schlägt sie übereinander – dadurch entsteht die charakteristische schmal-ovale Form – und läßt sie nun auf einen vorgewärmten Teller rutschen.

Diese Natur-Omelette kann man beliebig abwandeln: mit frischen gehackten Kräutern *(omelette aux fines herbes)*, buttergedünsteten Tomaten *(tomates concassés)*, Geflügelleber in Madeirasauce oder im eigenen Saft gedünsteten Champignons.

So einfach sich die Zubereitung einer Omelette anhört: Die Zubereitung muß schnell und sorgfältig geschehen (also nicht zwischendurch rasch was anderes machen!), und die Omelette muß sofort serviert und gegessen werden.

• Erbsen, Salatstreifen und Zwiebeln mit der Butter, dem Zucker, der Petersilie und dem Salz in einen Topf geben und 1/2 Tasse kaltes Wasser dazugießen. Heiß werden lassen und 10 Minuten dünsten. Dabei den Topfdeckel »verkehrt« herum auflegen und mit kaltem Wasser füllen. Dadurch kühlt der Dampf im Topf ab und tropft als Wasser zurück. Das gare Gemüse in einer vorgewärmten Schüssel servieren.

Fenouil à la provençale

Fenchel provenzalische Art

Der Fenchel hat, ebenso wie Auberginen, Tomaten, Rosmarin und Olivenöl, seinen festen Platz in der Küche der Provence. Der zarte Anisgeschmack ist herrlich aromatisch, allerdings vielleicht nicht jedermanns Sache.

Zutaten für 4 Personen:
6 große Fenchelknollen • 1/2 Tasse Olivenöl • 3 Knoblauchzehen • 3 Thymianzweige • 1 Teel. Salz • 1 Teel. feiner weißer Pfeffer

• Den Fenchel putzen, dabei die hellgrünen Fiederblättchen abschneiden, waschen und aufheben. Die Fenchelknollen vierteln.
• In einer Kasserolle das Öl erhitzen, die kleingeschnittenen Fenchelblättchen und die geschälten, zerdrückten Knoblauchzehen zugeben und 3 Minuten bei milder Hitze dünsten. Den geviertelten Fenchel, den Thymian, das Salz und den Pfeffer zugeben, 4 Tassen Wasser angießen und alles zugedeckt bei milder Hitze 1 Stunde dünsten. Wenn nötig, während der Garzeit Wasser nachgießen.
• Den garen Fenchel abtropfen lassen und in einer vorgewärmten Gemüseschüssel anrichten. Der Saft kann für eine Gemüsesuppe verwendet werden.

Volailles · Geflügelgerichte

Die französische Hausfrau kauft alle Geflügelarten frisch (in ländlichen Gegenden sogar lebend). Man unterscheidet sehr genau nach der Region, aus der das Geflügel stammt, nach dem Mastzustand, ja sogar nach dem Futter. (Mit Mais gefütterte Hühner zum Beispiel haben gelbes Fett, nicht durchscheinend weißes, wie es bei erstklassiger Ware verlangt wird.) An Hühnern verwendet man in Frankreich Hähnchen (*poulets*) und Poularden. Das entspricht unseren Küchengepflogenheiten. Der Kapaun, auch bei uns früher häufig zu finden, ist inzwischen aus der französischen Küche ebenfalls verschwunden.

Von Enten verlangt man in Frankreich nicht, daß sie fett sind. Man brät sie, im Gegensatz zu deutschen Gewohnheiten, »englisch«, also noch zartrosa. Auf diese Weise bleibt das Fleisch saftig. Enten- und Gänsefleisch legt man in manchen Gegenden im eigenen Fett ein (siehe Kasten »Oie confit«, Seite 96). In ein Cassoulet nach Toulouser Art gehört zum Beispiel unbedingt ein Stück eingemachte Gans.

Sehr gern gegessen werden in Frankreich auch Tauben und Perlhühner. In Deutschland bekommt man beides leider nicht mehr ohne weiteres, obwohl gerade Täubchen vor noch gar nicht langer Zeit auch bei uns zu den Leckerbissen zählten.

Aus den unendlich vielfältigen Geflügelgerichten der französischen Küche haben wir Ihnen eine Auswahl zusammengestellt – das war nicht einfach, denn die Zahl der Geflügelrezepte ist in Frankreich Legion.

Poulet au citron

Hühnchen in Zitronensauce

Dieses Gericht wird jeder Besucher, dem Sie es vorsetzen, als Attraktion empfinden. Außerhalb Frankreichs ist es übrigens fast unbekannt. Madame Joriaux nimmt manchmal anstelle von Zitronensaft Weinessig. Dann heißt das Gericht poulet au vinaigre.

Zutaten für 4 Personen:
1 großes Brathuhn · 50 g Butter · 3 mittelgroße Zwiebeln · 2 unbehandelte Zitronen · 1 Eßl. Caramelzucker · 1/2 Lorbeerblatt · 4 Eßl. Sahne · 1 1/2 Teel. Salz · 1 Teel. weißer Pfeffer · 1 Messerspitze Cayennepfeffer · 2 Eßl. fein gehackte Petersilie

• Das bratfertige Huhn innen und außen waschen und mit Küchenkrepp trockentupfen. In 10–12 Stücke schneiden, dabei die größeren Knochen herauslösen. Nur die Schenkelknochen bleiben. In einer großen Kasserolle die Butter erhitzen und die Hühnerstücke darin unter Wenden von allen Seiten anbräunen.
• Die Zwiebeln schälen, fein würfeln und zu den Hühnerstücken geben. Sie sollen goldbraun rösten. Dann alles zugedeckt bei sehr milder Hitze 20 Minuten garen.
• Die Zitronen warm abwaschen. Die eine Zitrone sehr dünn schälen und dann auspressen. Die Schale fein wiegen und in einer Kasserolle 5 Minuten blanchieren. Dann auf ein Sieb zum Abtropfen schütten. Die zweite Zitrone mit der Schale in dünne Scheiben schneiden.
• Den Caramelzucker über die Hühnerstücke gießen, den Zitronensaft und 1 Glas warmes Wasser angießen. Die Zitronenschale und das Lorbeerblatt zugeben. Das Gericht bei kleiner Hitze weitere 20 Minuten ohne Deckel garen lassen.
• Die Hühnerstücke herausstechen und auf der Servierplatte warm stellen.
• Die Sauce durchsieben, in eine Kasserolle gießen und die Sahne zugeben. Die Sauce erhitzen und unter Schlagen mit dem Schneebesen 2 Minuten lang kochen lassen. Erst jetzt mit den Gewürzen abschmecken.
• Die Hühnerstücke mit der Sauce übergießen. Den Plattenrand mit den Zitronenscheiben garnieren und das Gericht mit der Petersilie bestreuen.

Beilage: Salzkartoffeln oder Reis oder Weißbrot, Blattspinat.

Unser Tip: Wenn Sie statt Zitronensaft Essig verwenden wollen, gießen Sie 2 Eßl. milden Weinessig an die Sauce.

Volaille à la crème aux cèpes du revard

Rahmhühnchen mit Steinpilzen

Dieses Rezept stammt aus Savoie – Savoyen –, der in den französischen Alpen gelegenen Landschaft. Am besten bereitet man dieses Gericht im Spätsommer zu, weil man frische Steinpilze braucht.

Zutaten für 4 Personen:
1 kg frische Steinpilze · 100 g Butter · 1 Teel. Salz 1 Teel. weißer Pfeffer · 1 Poularde von 1,2 kg · 2 Tassen trockener Weißwein · 1/2 l Fleischbrühe · 3/4 l Milch · 2 Tassen Sahne · 2 Eßl. Mehl

• Die Steinpilze putzen, dabei die Köpfe abschneiden, waschen und abtropfen lassen. Dann Köpfe und Stiele in Stücke schneiden, die Stiele der Länge nach. In einer Pfanne 25 g Butter erhitzen, die Pilze hineingeben, mit der Hälfte von Salz und Pfeffer würzen und 30 Minuten bei milder Hitze dünsten. Beiseite stellen und warm halten.
• Die Poularde waschen, trockentupfen und an Flügeln und Beinen mit Küchengarn zusammenbinden. Einen großen Schmortopf gut mit Butter ausstreichen, die Poularde hineinlegen, mit dem restlichen Salz und dem restlichen Pfeffer würzen und von beiden Seiten leicht anbraten. Den Weißwein und die Fleischbrühe angießen und die Poularde zugedeckt 40 Minuten dünsten, dabei mehrmals wenden.
• Nach beendeter Garzeit die Poularde herausnehmen und das Küchengarn entfernen. Auf eine Servierplatte legen und warm stellen.

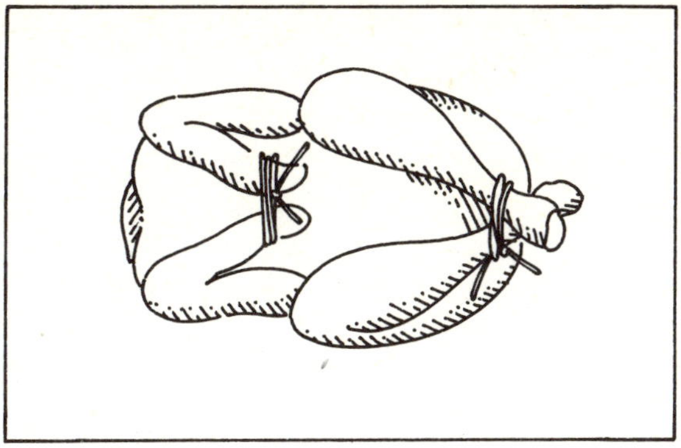

Man bindet die Poularde an Flügeln und Beinen zusammen.

• Den Kochsud im offenen Topf auf den Inhalt von 2 Schöpflöffeln einkochen. Dann den Topf von der Kochstelle nehmen und die Milch sowie die Sahne zugeben. Zum Kochen bringen. Das Mehl mit der restlichen Butter verkneten und mit dem Schneebesen unter die Sauce schlagen. Einige Male aufkochen lassen. Die Sauce durch ein Haarsieb streichen und über die Steinpilze gießen. Nochmals erhitzen und das Huhn damit übergießen.

Beilage: gebutterte Bandnudeln, Kressesalat.

Poulet gratiné »tante Lucie«

Tante Lucies überbackenes Hähnchen

Madame Joriaux hat dieses Rezept von ihrer Mutter übernommen. Nach den Zutaten zu schließen, stammt es aus der Normandie. Wer Tante Lucie ist oder war, konnte Madame Joriaux leider nicht ermitteln – jedenfalls eine äußerst begabte Köchkünstlerin.

Zutaten für 4 Personen:
1 Brathuhn von 1,3 kg · 1½ Teel. Salz · 1 Teel. weißer Pfeffer · 3 Eier · 2 Eßl. Schweineschmalz · 2 Scheiben roher Schinken von je 50 g · 4 dünne Scheiben zu je 25 g von Holländer oder Butterkäse
1 Tasse Sahne

• Das bratfertige Huhn innen und außen waschen, mit Küchenkrepp abtrocknen und in 4 gleich große Teile zerschneiden. Mit Salz und Pfeffer einreiben.
• Die Eier in einer Schüssel verquirlen. Das Schweineschmalz in einer Pfanne sehr heiß werden lassen. Die Hühnerviertel durchs Ei ziehen, in die Pfanne legen und von allen Seiten goldbraun braten.
• Die Hühnerviertel herausnehmen, in eine feuerfeste Form legen und im vorgeheizten Ofen bei 220° 40 Minuten lang backen.
• Kurz vor Ende der Garzeit jedes Hühnerviertel mit je ½ Scheibe Schinken und einer Scheibe Käse belegen, mit der Sahne übergießen und bei starker Oberhitze 3 Minuten lang überkrusten lassen. Das Gericht muß goldbraun sein.

Beilage: Krokettkartoffeln, Rosenkohl oder Chicoréesalat.

Fricassée de volaille à la lié de vin blanc et champignons des bois

Hühnerfrikassee mit Wein und Waldpilzen

Der französische Titel dieses Rezepts aus einer Lyoner Küche ist etwas umständlich, aber dafür weiß man genau, worum es sich handelt. Die Stadt Lyon ist übrigens weltberühmt für ihre ausgezeichneten Restaurants und für die Kochkunst ihrer Hausfrauen.

Zutaten für 4 Personen:
1 bratfertige Poularde von 2–2,5 kg · 100 g Butter
1 Schalotte · ¼ l Weißwein · ½ l Hühnerbrühe · ½ Teel. Senf · 250 g frische Pilze, wenn möglich, 5 verschiedene Arten · 1½ Eßl. Mehl

• Die Poularde waschen, trockentupfen und in 8 Stücke zerteilen. In einem Schmortopf 40 g Butter erhitzen und die Poulardenstücke darin schnell von allen Seiten anbraten. Wenn sie braun sind, die geschälte, in Scheiben geschnittene Schalotte zu-

geben und den Wein angießen. Die Hühnerbrühe, den Senf und die geputzten, in grobe Stücke geschnittenen Pilze zugeben und alles zugedeckt 15 Minuten bei milder Hitze leise kochen lassen.
• Dann die Poulardenstücke herausnehmen und warm stellen. Die Sauce im offenen Topf auf die Hälfte einkochen lassen. Das Mehl mit der restlichen Butter verkneten und mit dem Schneebesen unter die Sauce schlagen. Einmal aufkochen lassen.
• Die Poulardenstücke auf einer vorgewärmten Platte arrangieren und mit der Sauce überziehen.

Beilage: gebutterte Bandnudeln, Erbsen.

Coq au vin

Huhn im Weintopf

Bild Seite 119.

Dieses Huhn ist ein echter französischer Küchenschlager. Unser Rezept bringt die Version in Rot – mit Rotwein. Man kann den coq au vin auch mit Weißwein bereiten, und zwar mit verschiedenen Weinsorten. Meist wird ein Riesling verwendet, passend ist aber auch ein Gewürztraminer, Ruländer oder Silvaner.

Zutaten für 4 Personen:
4 Scheiben durchwachsener Speck · 4 Eßl. Butter · 2 bratfertige Hähnchen zu je 500 g · $^1/_2$ Teel. Salz · $^1/_4$ Teel. Pfeffer · $^1/_4$ Tasse Cognac · 3 Tassen roter Burgunder · 2 Tassen Hühnerbrühe · 1 Knoblauchzehe · $^1/_4$ Teel getrockneter Thymian · 1 Lorbeerblatt · 8 Schalotten · 2 Tassen Morcheln (Dose) · 1 Eßl. Öl · 1 gestrichener Eßl. Mehl · 2 Eßl. fein gehackte Petersilie

• Den Speck in feine Streifen schneiden, in wenig Wasser kurz kochen, abgießen, abschrecken und abtropfen lassen. Die Speckstreifen in der Hälfte der Butter in einer Kasserolle hellbraun ausbraten, dann aus dem Fett nehmen.
• Die Hähnchen in Portionsstücke zerteilen, kalt waschen und mit Küchenkrepp trockentupfen. Die Hähnchenteile im Speckfett anbraten, salzen und pfeffern und zusammen mit den Speckstreifen zugedeckt 10 Minuten schmoren.
• Den Cognac gleichmäßig über die Hähnchenteile träufeln, den Rotwein und so viel Brühe angießen, daß alles von Flüssigkeit bedeckt ist. Die Knoblauchzehe schälen und zerdrücken und mit dem Thymian sowie dem Lorbeerblatt in die Kasserolle geben. Zugedeckt bei Mittelhitze 30 Minuten garen.
• Die Schalotten schälen, halbieren und 15 Minuten in dem Öl braten. Die Morcheln abtropfen lassen, unter die Schalotten mischen und heiß werden lassen.
• Die Hähnchenteile und das Lorbeerblatt aus der Sauce nehmen. Die Sauce auf etwa drei Tassen einkochen lassen.
• Die restliche Butter und das Mehl miteinander verkneten und mit dem Schneebesen in die kochende Sauce schlagen.
• Hähnchenteile, Schalotten und Morcheln in der Sauce nochmals gut heiß werden, aber nicht mehr kochen lassen. Das Gericht in der Kasserolle, mit der Petersilie bestreut, servieren.

Beilage: Kartoffelpüree, Kopfsalat.

Brochettes de foie de volaille

Spießchen mit Hühnerlebern

Das bekannteste Hühnerlebergericht ist sicher die Omelette, die mit Hühnerlebern in Madeirasauce gefüllt wird. Auch außerhalb Frankreichs bekommt man sie in allen guten Restaurants serviert. Unsere Spießchen sollten unmittelbar vom Herd auf den Tisch kommen, das ist wichtig für die Güte des Gerichts. Im Haushalt läßt sich das leichter machen als im Restaurant.

Zutaten für 6 Personen:
21–25 große Hühnerlebern · 12 Scheiben Frühstücksspeck (Bacon) · $^1/_4$ Tasse Erdnußöl · $1^1/_2$ Teel. Salz · 12 Tomaten · 1 Teel. feiner weißer Pfeffer · 100 g Butter · 3 Schalotten · 3 Stengel Petersilie

• Die Lebern halbieren. Die Speckscheiben vierteln. Speck und Leberstücke abwechselnd auf die Spieße stecken, und zwar auf jeden Spieß 8 Stücke Speck und 7 Stücke Leber. Man beginnt also mit Speck und hört mit Speck auf. Die fertigen Spieße mit Öl beträufeln und die Leberstücke – nicht den Speck! – leicht salzen.
• 10 Minuten vor dem Servieren die Spieße unter den vorgeheizten Grill schieben. Die Tomaten tief kreuzweise einschneiden, mit Pfeffer und Salz würzen und mit etwas Öl bestreichen. Neben die Spießchen unter den Grill stellen.
• Die Butter mit den im Mixer pürierten Schalotten, 1 Prise Salz und der fein gewiegten Petersilie verkneten, in ein Butterpfännchen geben und ebenfalls unter den Grill stellen.
• Die garen Spießchen auf einer vorgewärmten Platte arrangieren, die Tomaten dazwischensetzen und alles mit der gewürzten Butter übergießen.

Beilage: Reis oder Schmelzkartoffeln, Endiviensalat oder Blattspinat.

Poulet en gelée

Hühnchen in Aspik

Das Poulet ist ein Junghuhn, wie man es auch zum Grillen und Braten verwendet. Wichtig bei diesem Gericht ist das Gelee – der Aspik – aus Kalbsknochen. Lassen Sie die Brühe nicht zu stürmisch kochen, das Gelee wird sonst trüb. Wenn's aber wirklich nicht klar geworden ist, bedeutet das auch kein Unglück.

Zutaten für 4 Personen:
500 g Kalbsbrustknochen • 1 Kalbsfuß, der Länge nach gespalten • 1 Teel. Salz • 1 Teel. Pfeffer • 3 Lauchstangen • ½ Sellerieknolle • 4 Karotten • 1 Prise Thymian • ½ Lorbeerblatt • 1 Zweiglein Estragon • 2 Gewürznelken • 1 vorbereitetes Hühnchen • 1 Tasse Madeira • 20 g Trüffeln • 1 Zitrone für die Garnitur

• Für das Gelee die Kalbsknochen und den Kalbsfuß, Salz und Pfeffer in 1 l kaltem Wasser langsam zum Kochen bringen. Abschäumen. Die Lauchstangen putzen, den Sellerie schälen und die Karotten abschaben. Das Gemüse in Stücke schneiden und zusammen mit den Gewürzen zu den Kalbsknochen geben. Alles zugedeckt bei milder Hitze 2 Stunden kochen lassen.
• Dann das gewaschene Hühnchen zugeben und alles weitere 30 Minuten kochen lassen. Das Huhn herausnehmen und zerteilen, dabei große Knochen herausnehmen.
• Die Hühnerbrühe durch ein Haarsieb gießen und erkalten lassen. Nach dem Erkalten das Fett abnehmen. Das entfettete Gelee in eine Kasserolle füllen, leicht erwärmen und den Madeira unterrühren. Auf eine ovale Platte eine Schicht des erwärmten Gelees aufgießen und erstarren lassen.
• Jedes Hühnchenteil mit dem Gelee einpinseln und auf die Geleeschicht auf der Platte legen. (Wer Geschick hat, kann das Hühnchen wieder zusammensetzen.) Ehe das Gelee ganz erstarrt ist, auf jedes Hühnchenstück eine Trüffelscheibe legen. (Wenn Trüffeln zu teuer sind, kann man stattdessen hübsch mit Estragonblättern dekorieren.) Die Hühnerteile mit einer weiteren Geleeschicht überziehen. Bis zum Servieren in den Kühlschrank stellen. Die Platte rundum mit halben Zitronenscheiben garnieren.

Beilage: Kräutermayonnaise, Pommes frites oder Lyoner Kartoffeln: in Scheiben geschnittene gekochte Kartoffeln und Zwiebelscheiben mit Butter in der Pfanne goldbraun braten.

Pudding de volaille

Geflügelpudding

Stellen Sie sich bitte unter »Pudding« nichts Falsches vor. Es handelt sich um eine jener warmen Pasteten – die natürlich auch kalt gegessen werden können –, für die die französische Küche berühmt ist. Wenn Madame Joriaux Gäste erwartet, bereitet sie den Geflügelpudding bereits am Vorabend zu. Anstelle von Hühnerfleisch kann man auch Wildgeflügel, Gänse- oder Entenfleisch verwenden.

Zutaten für 4 Personen:
1 mittelgroße Zwiebel · 5 Stengel Petersilie · 25 g Butter · 250 g gekochtes Hühnerfleisch ohne Knochen · 5 gestrichene Eßl. Semmelbrösel · 1 Tasse Milch · 1 Teel. Salz, · 1/2 Teel. weißer Pfeffer · 1/2 Teel. gemahlener Ingwer · 2 Eier.
Für die Tomatensauce:
5 Eßl. Tomatenpüree · 4 Eßl. Sahne · 30 g Butter · 1 Zwiebel · 1 Eßl. Mehl · knapp 1 Tasse Milch · 1 Teel. Salz · 1/2 Teel. schwarzer Pfeffer · 1 Teel. Zucker

- Die Zwiebel schälen und fein würfeln, die Petersilie fein hacken. In einer Kasserolle 15 g Butter erhitzen und beides darin einige Minuten dünsten.
- Das Geflügelfleisch durch den Fleischwolf drehen oder einfach mit dem Wiegemesser zerkleinern. Die Semmelbrösel in der Milch quellen lassen. In einer Schüssel das gehackte Fleisch mit dem Salz, dem Pfeffer, dem Ingwer, Zwiebel und Petersilie sowie den gequollenen Semmelbröseln vermischen. Die Eier in Eiweiß und Eigelb trennen. Ein Eigelb unter die Hackfleischmasse rühren (das zweite wird nicht gebraucht). Die Eiweiße steif schlagen und vorsichtig unterziehen.
- Eine feuerfeste Form mit der restlichen Butter ausstreichen, die Masse hineinfüllen und die Oberfläche glätten. Im vorgeheizten Backofen bei 250° 30 Minuten backen. Die Form aus dem Ofen nehmen, die Ränder mit einem spitzen Messer lösen und den Pudding – wenn er warm gegessen werden soll – auf eine vorgewärmte Platte stürzen.
- Für die Sauce das Tomatenpüree mit der Sahne vermischen. Die Zwiebel schälen und fein würfeln. In einer Kasserolle die Butter erhitzen, die Zwiebel darin glasig werden lassen, das Mehl unterrühren und 3 Minuten lang anschwitzen. Die Milch unter Schlagen mit dem Schneebesen zugießen, mit Salz, Pfeffer und Zucker würzen. Die Kasserolle von der Kochstelle nehmen, das Tomatenpüree unterziehen und alles nochmals 10 Minuten bei sehr milder Hitze nachziehen lassen.
- Die Sauce entweder gesondert reichen – das wird man machen, wenn der Pudding kalt serviert wird – oder den Pudding damit überziehen.

Oie confit

Oie confit heißt wörtlich »eingelegte Gans«. Es ist Gänsefleisch ohne Knochen und Haut, das im eigenen Fett gegart wird. Dieses sehr natürliche Küchenprodukt stammt sicher aus den Anfängen der häuslichen Konservierungstechnik.

Die französische Hausfrau zerlegt die Gans roh und läßt das Fett aus. Es wird flüssig-warm durch ein Sieb gegossen und in einem Topf mit den rohen Fleischstücken vermischt. Dann wird das Ganze langsam erwärmt – am besten bei geschlossenem Topf oder im Wasserbad, auch der Dampfdrucktopf eignet sich dazu –, denn das Fleisch soll im Fett schonend gegart werden, und nicht etwa fritiert, also gebacken.

Man verwendet dieses »Halbfertigprodukt« später als Basis für eine Suppe, als Einlage in Ragouts oder für das berühmte Bohnengericht »Cassoulet«. Auch zur Verfeinerung von hausgemachten Pasteten und Wurstterrinen eignet sich Oie confit sehr gut.

Ailerons de dinde à la moutarde

Putenflügel in Senf

Auch in Frankreich gehören die Putenflügelspitzen zu den billigen Geflügelteilen. Man betrachtet sie dennoch als Delikatesse und knabbert sie mit Hingabe. Deshalb möchten wir Ihnen dieses Rezept nicht vorenthalten.

Zutaten für 4 Personen:
1 kg Putenflügel • 1 Möhre • 2 Stangen Porree • 1 Zwiebel • 40 g Butter • 1 gehäufter Eßl. Mehl • ½ l Hühnerbrühe • 1 Knoblauchzehe • 1 Kräutersträußchen • 2 Teel. Salz • 1 Teel. weißer Pfeffer • 2 Eßl. Sahne • 2 Eßl. heller Senf • 1 Eßl. Zitronensaft • ½ Tasse fein gehackte Petersilie

- Die Putenflügel trocken abreiben, die feinen Haare absengen, die Flügel warm abspülen und wieder abtrocknen.
- Die Möhre, den Porree und die Zwiebel putzen bzw. schälen und in dünne Scheiben schneiden.
- In einer feuerfesten irdenen Form die Butter erhitzen und das Gemüse darin 5 Minuten anrösten. Die Putenflügel zugeben, die Hitze reduzieren und die Flügel langsam von allen Seiten anbräunen. Das Mehl darüberstäuben und gut unterrühren. Mit der Bouillon ablöschen. Den geschälten, in dünne Scheibchen geschnittenen Knoblauch sowie das Kräutersträußchen zugeben, salzen und pfeffern. Alles zugedeckt 1 Stunde lang schmoren lassen. Dann die Flügel aus der Form stechen und in einer tiefen Platte warm stellen.
- Die Flüssigkeit durch ein Haarsieb streichen und in einer Kasserolle bei milder Hitze erwärmen. Die Sahne mit dem Senf und dem Zitronensaft glattrühren, 2 Eßl. der heißen Sauce zugeben, alles verrühren und unter die Sauce im Topf mischen. 2 Minuten unter ständigem Rühren aufkochen lassen.
- Die Flügelspitzen mit der Sauce übergießen und mit der Petersilie bestreut servieren.

Beilage: Salzkartoffeln, Erbsen auf französische Art (Rezept Seite 89) oder Champignons in Butter mit gehackter Petersilie gedünstet.

Pigeonneaux à la Clamart

Täubchen »Clamart«

Der Name Clamart taucht meistens im Zusammenhang mit Kalbskoteletts und Kalbsbries auf. Hier ist er einmal mit einem Taubengericht verbunden. Tauben werden in Frankreich viel gegessen. Man kauft sie bratfertig, meist schon mit der obligatorischen Speckscheibe umwickelt, die verhindern soll, daß das zarte Brustfleisch austrocknet.

Zutaten für 4 Personen:
8 bratfertige Tauben • 8 Scheiben fetter Räucherspeck von je 30 g • 70 g Butter • 10 kleine Zwiebeln • 1½ Teel. Salz • 1 Teel. weißer Pfeffer • ½ l Bouillon • 1 Bund Gartenkresse zum Dekorieren

- Die Tauben innen und außen abspülen, mit Küchenkrepp trocknen und mit je einer Speckscheibe umwickeln.
- Die Butter in einem sehr großen Topf erhitzen, die Tauben hineinlegen und von jeder Seite bei mittlerer Hitze 5 Minuten anbraten. Die geschälten Zwiebeln zugeben und mit anbraten. Salzen und pfeffern. Die Bouillon angießen und die Tauben zugedeckt bei milder Hitze 45 Minuten dünsten.
- Die Speckscheiben von den garen Tauben entfernen und die Tauben mit der Geflügelschere halbieren. Die Taubenhälften auf einer vorgewärmten Platte anrichten und mit der gewaschenen Kresse dekorieren.
- Die Sauce durchsieben und gesondert in einer Saucière servieren.

Beilage: Erbsen auf französische Art (Rezept Seite 89), Pommes frites.

Oison farci à la moutarde

Gefüllte junge Gans in Senfsauce

Für dieses Gericht wird nicht die ausgewachsene Gans verwendet – die ja »oie« hieße –, sondern eine

Junggans von etwa 3 Monaten. Madame Joriaux serviert sie zusammen mit panierten Kalbsschnitzelchen und gebratenen Kalbsnieren. In ihrer Familie ist das so Tradition, und wie es bei vielen Traditionen zu gehen pflegt, man weiß eigentlich nicht recht, warum man etwas gerade so macht und welchen besonderen Sinn es haben soll. Nehmen wir's also einfach hin – es sieht hübsch aus und schmeckt gut.

Zutaten für 8 Personen:
1 Junggans von 1,8 kg · 2 Kalbsnieren mit Fett · 2 Teel. Salz · 1 Teel. weißer Pfeffer · 4 kleine Blutwürstchen · 2 Eßl. Erdnußöl · 1 Eßl. heller Senf · 100 g Butter · 1 Tasse Bouillon · 1 Tasse Sauce Robert (Rezept Seite 117)

- Die ausgenommene Gans innen und außen abspülen, abtrocknen und innen mit Salz einreiben.
- Das Fett von den Nieren streifen, mit dem Wiegemesser kleinhacken, salzen und pfeffern und zusammen mit den ganzen Nieren in den Gänsebauch geben.
- Die Blutwürstchen mehrfach anstechen und im heißen Öl von allen Seiten anbraten. Mit dem Senf bestreichen und ebenfalls in den Gänsebauch geben. Die Bauchöffnung mit Zahnstochern zustecken.
- Die Gans in eine Bratenpfanne mit Deckel legen, mit der zerlassenen Butter übergießen und zugedeckt im Herd bei höchster Hitzestufe 50 Minuten braten. Nach 15 Minuten Bratzeit die Bouillon angießen. Während des Bratens die Gans öfter mit dem Bratensaft begießen. Dieser Bratensaft wird als Grundlage für die Sauce Robert verwendet, anstelle der Knochenbrühe.
- Vor dem Servieren die Kalbsnieren und die Blutwürstchen aus der Gans holen. Die Kalbsnieren in Scheiben schneiden, dabei das Fett innen entfernen. Die Gans tranchieren, auf einer vorgewärmten Platte anrichten und mit den Nierenscheiben und den Blutwürstchen umlegen. Die Sauce Robert wird darübergegossen.

Beilage: Wiener Schnitzelchen, halb so groß wie üblich, Pommes chips, Salat.

Canard à la broche aux raisins secs

Ente am Spieß mit Rosinen

Dieses Gericht stammt aus dem handgeschriebenen Familienkochbuch von Madame Joriaux. Die Rosinen-Ente ist der flämischen Küche entlehnt. Wenn man Gästen etwas sehr Exquisites vorsetzen will, dann wähle man diesen Vogel am Spieß.

Zutaten für 4 Personen:
1 Handvoll Sultaninen · 1 Schnapsglas Cognac · 2 Eßl. Madeira · 1 große Ente · 2 Teel. Salz · 1 Teel. weißer Pfeffer · 2 Teel. edelsüßes Paprikapulver · 70 g Butter · 2 Schalotten.
Für die Sauce:
1 Entenklein · 250 g Kalbsfuß · 1 Zwiebel · 1 Eßl. Mehl · 1 Möhre · ½ Sellerieknolle · 1 Suppengrün 1 Eßl. Tomatenmark

- Die gewaschenen Sultaninen in Cognac und Madeira einige Stunden aufquellen lassen.
- Die bratfertige Ente innen und außen kalt abspülen, mit Küchenkrepp abtrocknen und mit einer Mischung aus 1 Teel. Salz, ¼ Teel. Pfeffer und dem Paprikapulver außen und innen einreiben.
- In einer Pfanne 20 g Butter erhitzen und darin die gewürfelten Schalotten sowie die abgetropften Rosinen andünsten. Mit dieser Mischung die Ente füllen. Die Bauchöffnung gut zunähen, damit kein Saft beim Grillen auslaufen kann.
- Die Ente auf einen Bratspieß stecken und im Drehgrill 1–1½ Stunden grillen, je nach Größe.
- In der Zwischenzeit die Sauce bereiten. Die restliche Butter in einem Topf erhitzen und das Entenklein – ohne Leber! – sowie den in Stücke geschnittenen Kalbsfuß von allen Seiten hell anbraten. Dann herausnehmen. Im selben Topf die gewürfelte Zwiebel anbraten. Das Mehl darüberstäuben, gut umrühren und hell anschwitzen. Zwei Gläser warmes Wasser angießen, mit dem restlichen Salz und dem restlichen Pfeffer würzen. Die Fleischstücke wieder zugeben, ebenso das geputzte, in Stücke geschnittene Gemüse, das geputzte, kleingeschnittene Suppengrün und das Tomatenmark. Zugedeckt alles bei

milder Hitze 1 Stunde lang garen. Dann durch ein Sieb streichen.

- Die Ente vom Spieß nehmen, die Rosinen aus dem Bauch holen und in der Sauce ziehen lassen. Die Sauce entfetten. Den entfetteten Bratensaft vom Grill, soweit vorhanden, und das Cognac-Madeira-Gemisch in die Sauce gießen.
- Die Ente tranchieren und mit der Füllung auf einer vorgewärmten Platte anrichten. Mit Kressesträußchen garnieren. Die Sauce wird separat gereicht.

Beilage: Lyoner Kartoffeln – in Scheiben geschnittene gekochte Kartoffeln und Zwiebelscheiben mit Butter in der Pfanne goldbraun gebraten – oder Kartoffelpüree, Salat.

Plats pour dimanche
Festliche Gerichte

In Frankreich wird auch alltags sorgfältig und reichhaltig gekocht – ist da an Sonn- und Feiertagen überhaupt noch eine Steigerung möglich? Nun – es gibt immer Gelegenheiten, die das ganz Besondere rechtfertigen: Familienfeierlichkeiten etwa, ein sonntägliches Treffen mit befreundeten Familien oder einfach die Zusammenkunft von Feinschmekkern zu vergnügten Schmaus-Zirkeln.

Damit solch eine festliche Angelegenheit nicht zur Strapaze für die Dame des Hauses wird, wählt man einen üppigen Hauptgang aus und hält die übrigen Gänge bescheidener, vermeidet zumindest, daß sie viel Arbeitsaufwand erfordern. So kann man beispielsweise als Vorspeise einfach frische Austern reichen und nach dem Hauptgericht eine wohlassortierte Käseplatte.

Zur festlichen Mahlzeit gehört selbstverständlich auch ein Wein, der den anspruchsvollen Gerichten angemessen ist. In Frankreich sucht ihn der Hausherr mit viel Sachverstand aus.

Terrine au faisan Colmar

Fasanenpastete Colmar

Es soll an dieser Stelle einmal der Unterschied zwischen »Terrine« und »Pâté« erklärt werden. Die Sache ist, grob gesagt, so (manchmal gehen die Begriffe im Deutschen und im Französischen etwas durcheinander; das soll Sie aber nicht stören. Kochen ist nun einmal keine exakte Wissenschaft): Die Füllung, bei Terrine wie Pâté das Herz- und Kernstück, bedarf einer Umhüllung. Bei der Terrine erfüllt diesen Zweck eine feuerfeste Form aus Ton oder Steingut, die mit Speckscheiben ausgelegt wird, ehe man die Farce einfüllt, bei der Pâté ein Pastetenteig, der entweder auch in eine feuerfeste Form eingelegt wird, aber auch ohne Form verwendet werden kann – ein Verfahren, das allerhand küchentechnisches Können erfordert. Abgedeckt wird die Pâté mit einem Teigdeckel, der beliebig verziert, mit Eigelb bestrichen und mit Luftlöchern oder Papierkaminen versehen werden muß. Die Terrine deckt man meist mit Speck ab – so wie bei unserem Rezept hier.

Zutaten für 4 Personen:
2 Fasane · 1 große Zwiebel · ½ Teel. gemahlener Piment · 2 Teel. getrockneter Thymian · 1 Lorbeerblatt · 2 Teel. Salz · 2 Teel. schwarzer Pfeffer
400 g Schweinebrust · 400 g Schweinenacken ohne Knochen · 1 Teel. Puderzucker · 15 Schalotten (ersatzweise 6 Zwiebeln) · 2 Schnapsgläser Cognac
4 Südweingläser Portwein · 2 Eigelb · 3 Eßl. Mehl
100 g fetter Räucherspeck · 50 g Schweineschmalz

- In Deutschland kauft man die Fasane bereits gerupft und zugerichtet. Die Fasane ausbeinen, die 4 Bruststücke herauslösen und ganz lassen, das übrige Fleisch würfeln.
- Die geschälte, geviertelte Zwiebel, die Hälfte des Piments, 3 zerriebene Knoblauchzehen, 1 Teel. Thymian, das Lorbeerblatt, 1 Teel. Salz und 1 Teel. Pfeffer in 1 l Wasser zum Kochen bringen, das gewürfelte Schweinefleisch hineingeben und darin bei starker Hitze 10 Minuten garen. Dann das Fleisch herausnehmen, abtropfen lassen und troktupfen.
- In einer großen Schüssel das Schweinefleisch mit dem gewürfelten Fasanenfleisch, dem restlichen Salz, dem restlichen Pfeffer, dem Puderzucker, den restlichen 3 Knoblauchzehen, zerdrückt, den feingeschnittenen Schalotten – oder Zwiebeln –, dem restlichen Piment, dem restlichen Thymian, dem Cognac und dem Portwein vermischen. Zum Binden die 2 Eigelbe und das Mehl zugeben. Die Mischung sehr sorgfältig mit der Hand oder einem Holzspatel mindestens 5 Minuten verkneten, bis sich alle Zutaten zu einer Einheit verbunden haben. Abschmecken und evtl. nachwürzen.
- Eine feuerfeste Form mit den Speckscheiben auslegen, die Hälfte der Mischung hineinfüllen und glattstreichen. Darauf die Filetstücke in gleichmäßigem Abstand verteilen. Dann die restliche Mischung bis 1 cm unter den Rand darüberfüllen. Die Oberfläche dekorativ mit Speckstreifen belegen.
- Den Backofen auf 250° vorheizen. Die feuerfeste Form – ohne Deckel! – in eine mit kochendem Wasser gefüllte Bratenpfanne (Gänsebräter) stellen und 3–4 Minuten bei 250° im Backofen lassen. Dann die Hitze auf 180° reduzieren und die Terrine in 2½ Stunden gar werden lassen. In dieser Zeit mehrmals heißes Wasser nachfüllen. Ob die Terrine gar ist, kann man mit einer Metallstricknadel prüfen: ist sie nach dem Hineinstechen trocken, ist die Terrine gar.
- Während der Garzeit das Schweineschmalz in einer kleinen Kasserolle schmelzen lassen. Wenn die Terrine aus dem Ofen kommt, sofort das heiße Schweineschmalz darübergießen. Es soll nur die Lücken füllen, die sich während der Garzeit zwischen Pastete und Seitenwand der Form gebildet haben. Keinesfalls darf die Oberfläche der Terrine mit flüssigem Fett bedeckt sein.
- Die Pastete etwas auskühlen lassen, dann mit einer gefalteten Serviette zudecken und im Kühlschrank aufbewahren. Mit dem Anschneiden muß mindestens 24 Stunden gewartet werden!

Unser Tip: Wir raten, nur Schweinefleisch von den angegebenen Stellen zu nehmen: Brust und Hals. Nimmt man andere Stücke, dann teilt sich die Terrine nach der Garzeit in zwei Teile: In der Mitte liegt das trockene und feste Fleisch, darum herum das Fett.

Pâté de porc et de dinde en croûte

Überbackene Schweine- und Putenfleischpastete

Die französische Küche kennt eine Menge sogenannter Allerweltspasteten. Sie bestehen in der Hauptsache aus einer Fleischmasse; als Einlage dienen Speckwürfel, Pistazien und Olivenscheibchen, so daß sich ein bunt-appetitliches Schnittbild ergibt. Die Zusammensetzung ist der hausfraulichen Phantasie überlassen.

Zutaten für 4 Personen:
Für den Teig:
85 g Butter · 1 Eigelb · 2 Eßl. Olivenöl · 2 gestrichene Teel. Salz · 250 g Mehl.
Für die Füllung:
250 g Putenschnitzel · 2½ Schnapsgläser Cognac · 1 Teel. Salz · 600 mageres Schweinefleisch · 1 Teel. feiner weißer Pfeffer · ½ Teel. Pastetengewürz (fertig im Handel · 1 Eiweiß · 2 gestrichene Eßl. Semmelbrösel · 1 Eigelb zum Bestreichen

- Die Putenschnitzel in einen tiefen Teller legen, mit ½ Teel. Salz bestreuen und mit dem Cognac übergießen. 2 Stunden ziehen lassen.
- In der Zwischenzeit den Teig bereiten: In einer Schüssel 80 g Butter mit der Gabel zerdrücken. Das Eigelb, das Öl und das Salz zugeben und alles gründlich vermischen. Das Mehl dazusieben und 6–7 Eßl. Wasser zugeben. Mit der Faust verkneten. Ist der Teig bröselig, noch etwas Wasser zugeben. Dann den Teig aus der Schüssel nehmen und 2 Minuten mit den Händen gut durchkneten. Wieder in die Schüssel legen und 2 Stunden kühl ruhen lassen.
- Für die Füllung das Schweinefleisch durch die feine Scheibe des Fleischwolfes drehen. Das Hackfleisch in einer Schüssel mit ½ Teel. Salz, dem Pfeffer, dem Pastetengewürz, dem Eiweiß, den Semmelbröseln und dem Cognac, mit dem die Putenschnitzel übergossen wurden, gründlich vermengen.
- Den Teig auf einem bemehlten Blech etwa halbzentimeterdick ausrollen. Eine Kastenform mit der restlichen Butter ausfetten und mit dem Teig so auslegen, daß er über den Rand der Form hängt. Die Hälfte der Füllung auf dem Teig verteilen, die Putenschnitzel darauflegen und den Rest der Füllung darüberstreichen. Den über den Rand der Form hängenden Teig bis auf 2 cm abschneiden und über die Füllung decken.

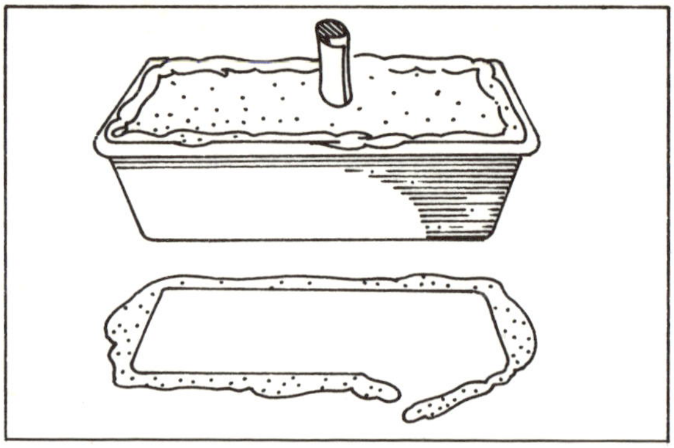

Die Pâté wird mit einer ausgerollten Teigplatte bedeckt. In ihre Mitte steckt man einen »Kamin« aus zusammengedrehtem dünnem Karton.

- Den abgeschnittenen Teig zu einer Kugel formen, zu einer länglichen Platte ausrollen und daraus einen Deckel in der Größe der Kastenform schneiden. Auf die Pastete legen und den Rand mit dem Daumen eindrücken, so daß ein Wulst entsteht.
- In die Mitte des Pastetendeckels mit dem Daumen ein Loch drücken und einen »Kamin« aus dünnem Karton hineinstecken.
- Den Teigdeckel mit dem Eigelb bestreichen und die Pastete im vorgeheizten Backofen bei mittlerer Hitze (180°) 50 Minuten backen. Dann den Kamin herausziehen und die Pastete in der Form abkühlen lassen. Nach dem Herausnehmen aus der Form die Pastete sofort in ein luftdicht abzuschließendes Plastikgefäß setzen oder in Alufolie wickeln. Die Pastete vor dem Anschneiden mindestens 12 Stunden durchkühlen lassen. Mit einem scharfen Messer 1–2 cm dicke Scheiben abschneiden.

Beilage: Toast, Cornichons, Senfmarinaden und ähnliche süßsaure Kleinigkeiten.

Pâté de foie de volaille

Geflügelleber-Terrine

Bild Seite 28.

Dieses Gericht gehört zur Gruppe der Pasteten, die in irdenen Terrinen im Ofen gebacken werden. Die Güte der Terrinenpasteten hängt ab von der Sorgfalt, mit der die Rohstoffe ausgesucht und vorbereitet werden und von der Harmonie der Gewürze.

Zutaten für 6–8 Personen:
400 g Hähnchenleber · 100 g Frühstücksspeck · 10 Wacholderbeeren · 1/2 Teel. getrockneter Thymian · 1/2 Teel. getrockneter Salbei · 2 Knoblauchzehen · 500 g Hackfleisch vom Kalb · 1/2 Flasche Rotwein · 1 Tasse Sahne · 4 Eier · 1 Prise Pfeffer · Salz nach Geschmack · 3 Lorbeerblätter

- Die Hähnchenlebern kalt abbrausen, auf Küchenkrepp abtropfen lassen und mit dem Wiegemesser gut zerkleinern. Den Frühstücksspeck sehr klein würfeln. Die Wacholderbeeren, den Thymian und den Salbei im Mörser zerstoßen. Die Knoblauchzehen schälen und zerdrücken und zu den zerstoßenen Gewürzen geben.
- Das Hackfleisch, die Leber und die Speckwürfel miteinander mischen. Den Wein, die Sahne, die Eier, die Gewürze und den Pfeffer über die Fleisch-Leber-Masse geben und alles gut durchkneten. Zugedeckt über Nacht im Kühlschrank ruhen lassen.
- Am nächsten Tag den Fleischteig mit Salz abschmecken, noch einmal durcharbeiten und in eine feuerfeste Steingutform füllen. Die Lorbeerblätter darauflegen.
- Die Form in eine größere, mit warmem Wasser gefüllte Bratenpfanne stellen, in den auf 160° vorgeheizten Backofen schieben und etwa 1 Stunde und 15 Minuten garen. Die Terrine ist fertig, wenn sie sich vom Rande löst.
- Die Brühe, die sich während des Garens gebildet hat, abgießen. Die Geflügelleber-Terrine in der Form erkalten lassen. Zum Servieren in zentimeterdicke Scheiben schneiden.

Beilage: Toast.

Foie gras en gelée au Porto

Gänseleber in Portweingelee

Die in der französischen Küche vielgeliebte und -verwendete *foie gras* stammt von speziell gemästeten Gänsen, deren Lebern besonders groß und hellfarbig sind. In Deutschland sind sie nur importiert zu bekommen, weil hier das »Stopfen« der Gänse verboten ist. Die übliche dunkle Gänseleber ist für das nachstehende Gericht nicht geeignet.

Zutaten für 4 Personen:
750 g Fettleber · 1 Teel. Salz · 1 Teel. Pastetengewürz (fertig im Handel) · 3 Trüffelstücke (kleinste Dose) · 1 Glas süßer weißer Bordeaux · 1 Glas Madeira · 1 Schnapsglas Cognac · 2 Kalbsfüße · 250 g Geflügelklein · 200 g Schweineschwarte · 2 Karotten · 2 Zwiebeln · das Weiße von einer Lauchstange · 5 dünne Speckscheiben · 1 Zweiglein Estragon · 1/2 Lorbeerblatt · 1 Eiweiß · 2 Glas Portwein

- Am Vorabend die Leber 2 Stunden in kaltes Wasser legen. Abtropfen lassen, für 20 Sekunden in kochendes Wasser geben und sofort wieder zurück ins kalte Wasser legen. Herausnehmen, abtropfen lassen, mit Küchenkrepp trockentupfen und mit dem Salz und dem Pastetengewürz einreiben.
- Die Trüffeln in dünne Stäbchen schneiden. Mit der Spicknadel Löcher in die Leber bohren und die Trüffeln hineinstecken. Die Hälfte von Bordeaux und Madeira sowie den Cognac miteinander vermischen und über die Leber gießen. Über Nacht einziehen lassen.
- Am nächsten Tag aus den Kalbsfüßen, dem Geflügelklein, der Schweineschwarte, dem vorbereiteten Gemüse und 2 l Wasser in 4 Stunden den Geleefond kochen. Diese Brühe durchsieben.
- Die Leber aus der Marinade nehmen und abtropfen lassen. Die Marinade aufheben. Die Leber zu einer Wurst formen, die spitzen Enden abschneiden, in die Mitte der Leber legen und gut festdrücken.
- Ein Nesseltuch ausbreiten und die Speckscheiben nebeneinander darauflegen. Die Leber erst in den Speck, dann in das Tuch rollen und fest zusammen-

drücken. Evtl. die Leber noch in ein zweites Tuch einwickeln, wenn mehr Festigkeit erreicht werden soll. Die Enden dieser »Wurst« mit Küchengarn zusammenbinden. Die gewickelte Leber in eine Kasserolle legen. Den Geleefonds zum Kochen bringen und kochendheiß über die Leber gießen. Abschmekken. Den Estragon und das zerkrümelte Lorbeerblatt zugeben. Die Leber zugedeckt 30 Minuten garen.

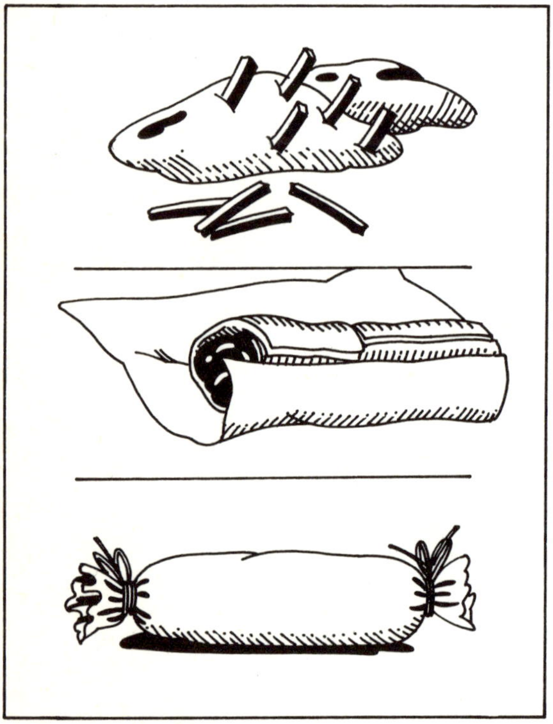

Die Gänseleber wird mit Trüffelstäbchen gespickt (oben). Die zu einer Wurst geformte Leber wird erst in Speckscheiben und dann in ein Tuch gerollt.

• Nun die Kasserolle von der Kochstelle nehmen und die Leber im Fond 5 Stunden abkühlen lassen. Dann die Leber aus dem Tuch wickeln, dieses auswaschen und die Leber wieder hineinwickeln. Völlig erkalten lassen. Vom erkalteten Fond das Fett sorgfältig abnehmen.

• Das Eiweiß steif schlagen, zusammen mit dem restlichen Bordeaux und Madeira, einigen Estragonblättern, dem Portwein und gut $^1/_2$ l leicht erwärmtem Geleefond in eine Kasserolle geben. Bei milder Hitze unter ständigem Schlagen mit dem Schneebesen heiß werden lassen. Dann durchsieben und abkühlen lassen.

• In eine schmale zylindrische Form – notfalls eine Kastenform – eine dünne Schicht Gelee gießen und fest werden lassen. Die Leber aus dem Tuch wikkeln, darauflegen und mit dem Geleefond völlig bedecken. Kühl stellen und fest werden lassen. Das dauert im Kühlschrank 2–3 Stunden. Übriggebliebenen Geleefond auf einen Teller gießen und erstarren lassen.

• Vor dem Servieren die Leber aus der Form stürzen und mit einem Messer mit dünner Klinge in zentimeterdicke Scheiben schneiden. Die Scheiben dachziegelartig auf einer ovalen Platte anrichten und mit blättrig geschnittenen Trüffeln verzieren. Übriggebliebenes Gelee in Würfel schneiden und den Rand der Platte damit verzieren. Die Platte vor dem Servieren kühl stellen. Gekühlte Teller verwenden.

Beilage: Toast.

Noisettes de veau en papillote

Kalbsnüßchen in der Papierhülle gebraten

Die »Nüßchen« für dieses Gericht werden aus dem Kalbsrücken geschnitten, wo er am zartesten ist. Kein Wunder also, daß zu so kostbarem Fleisch auch besonders kostbare Zutaten verwendet werden.

Zutaten für 6 Personen:
2 Kalbsbries · 1 Karotte · 1 Zwiebel · 125 g Butter
1 Kräutersträußchen · knapp 1 Tasse Weißwein
knapp $^3/_4$ l Kalbsbrühe · 1 Teel. Salz · 1 Teel. feiner weißer Pfeffer · 6 Kalbskoteletts · 250 g frische Champignons · 1 Zitrone · $^1/_8$ l Sahne · 2 Glas Sherry, am besten Amontillado · 1 Teel. Stärkemehl

• Am Vortag das Bries 4 Stunden wässern, dabei das Wasser mehrmals erneuern. Dann das Bries in einer Kasserolle mit kaltem Wasser langsam erhitzen und 2 Minuten pochieren. Das Wasser abgießen, das Fett vom Bries abschneiden und die Haut abziehen. Dann das Bries zwischen zwei Brettchen oder Teller legen, mit einem Gewicht beschweren und 2 Stunden pressen.
• Am nächsten Tag in einem Schmortopf 10 g Butter erhitzen und die geputzte, in Scheiben geschnittene Karotte und die geschälte, ebenfalls in Scheiben geschnittene Zwiebel darin poëlieren. Das Kräutersträußchen zugeben. Das Bries aufs Gemüse legen und zugedeckt 10 Minuten dünsten. Den Wein zugeben und bei geöffnetem Deckel einkochen lassen. Gut 1/2 Tasse Kalbsbrühe zugießen und ebenfalls einkochen lassen. Dann die restliche Brühe, 1/2 Teel. Salz und 1/2 Teel. Pfeffer zugeben, Pergamentpapier darüberdecken, den Deckel aufsetzen und alles 35 Minuten dünsten.
• Aus den Kalbskoteletts die »Nüßchen« herausschneiden. In einer Pfanne 40 g Butter erhitzen und die Nüßchen darin von beiden Seiten goldbraun braten.
• Die Champignons putzen, kalt abspülen und halbieren oder vierteln. In einer Kasserolle 30 g Butter erhitzen, die Champignons darin andünsten und mit dem restlichen Salz und dem restlichen Pfeffer sowie dem Saft der Zitrone würzen. Die Pilzflüssigkeit einkochen lassen, dann die Hitze reduzieren und die Sahne sowie 1 Glas Sherry zugeben. Wieder einkochen lassen.
• Jetzt die Papierhüllen vorbereiten: Einen großen Bogen Pergamentpapier der Länge nach falten und an der Bruchstelle die Kontur eines Kalbskoteletts aufzeichnen. Ausschneiden und das Papier auseinanderfalten. Es sieht ungefähr wie ein großes Herz aus. Die linke Seite jedes Papierherzens mit zerlassener Butter einpinseln. Auf die rechte Seite jeweils ein Kalbsnüßchen legen, auf dieses ein Stück Bries und darauf wieder 1 oder 2 Eßl. Rahmchampignons. (Das Bries wird dabei nicht ganz verbraucht.) Die gebutterte Papierseite darüberschlagen und die Kanten umkniffen. In einer Pfanne etwa 10 g Butter erhitzen und die Nüßchen in der Papierhülle bei starker Hitze 10 Minuten braten.
• Das restliche Kalbsbries durchs Haarsieb in eine Kasserolle streichen und zum Kochen bringen. Die Stärke mit etwas Wasser anrühren und an das Bries rühren. Die restliche Butter und das zweite Glas Sherry zugeben.
• Vor dem Servieren die Papierhüllen aufschneiden und die Nüßchen in der geöffneten Hülle zu Tisch bringen. Die Sauce wird gesondert dazu gereicht.

Beilage: Bratkartoffeln oder in Butter und gehackter Petersilie geschwenkte ganze Kartoffeln, Selleriesalat.

Côtelettes de veau à la Françoise
Kalbskoteletts nach Françoise

Dieses Gericht ist eine eigene »création« von Madame Joriaux. Es entspricht dem Geschmack der südfranzösischen Küche.

Zutaten für 8 Personen:
3 Scheiben Weißbrot · 1/2 Tasse Milch · 100 g Kalbsleber · 1 Zwiebel · 200 g Schweinehackfleisch · 3 Eier · 100 g Champignons · 2 Eßl. Olivenöl · 1/2 Teel. Salz · 1 Teel. feiner weißer Pfeffer · 4 Eßl. Butter · 8 Kalbskoteletts · 100 g geriebener Schweizer Käse

• Das Weißbrot zerkrümeln und in der Milch einweichen. Die Leber entweder schaben oder zusammen mit dem eingeweichten Brot und der geschälten, zerschnittenen Zwiebel im Mixer zerkleinern. Den Leberbrei mit dem Hackfleisch und den Eiern vermengen. Die Pilze putzen, waschen und grob wiegen. In das Hackfleisch drücken. (Die Champignons dürfen nicht mit in den Mixer!) Das Olivenöl mit dem Salz und dem Pfeffer verrühren und unter das Hackfleisch mischen.
• Die Butter in einer großen Pfanne erhitzen und die Koteletts darin von jeder Seite 3 Minuten anbraten.
• Den Backofen auf 250° vorheizen. Die Koteletts auf ein Backblech oder in eine große feuerfeste Form legen. Die Oberseite der Koteletts dick mit

der Hackfleischmasse bestreichen. Den geriebenen Käse darüberstreuen. Die Koteletts auf der obersten Schiene in den Backofen schieben und 7–8 Minuten überkrusten lassen. Sehr heiß servieren.

Beilage: Bratkartoffeln, Fenchelsalat oder Erbsen auf französische Art (Rezept Seite 89).

Rognons de veau à la Castelroussine

Kalbsnierenragout nach Castelroussine

Die Zahl der Nierengerichte ist in Frankreich Legion. Am bekanntesten sind die sautierten Nierenscheiben in einer Rahm-Senf-Sauce (rognons à la moutarde) und die gegrillten Nierenhälften mit Cognac geflämmt (rognons de veau grillés). Unser Gericht fällt etwas aus dem Rahmen. Madame Joriaux bereitet es sehr gern zu, vor allem, wenn sie Gäste hat.

Zutaten für 4 Personen:
250 g Räucherspeck · 250 g frische kleine Champignons · 3 Kalbsnieren (pro Person etwa 150 g) · 50 g Schweineschmalz oder 4 Eßl. Öl · 1 Teel. Salz 1 Teel. feiner weißer Pfeffer · 3 Gläser Burgunder oder Beaujolais · 60 g Butter · 1 Eßl. Mehl

- Den Speck erst in schmale Streifen schneiden und dann würfeln. Die Champignons putzen und kalt abspülen. Die Nieren halbieren und die weißen Gefäße herausschneiden. Die Nierenhälften in dünne Scheiben schneiden.
- In einer Kasserolle das Schweineschmalz – oder Öl – erhitzen und Speckwürfel, Champignons und Nierenscheiben bei starker Hitze unter ständigem Umwenden kräftig anbraten. Nach 2 Minuten das Salz und den Pfeffer zufügen.
- Den Wein angießen und alles nochmals 3 Minuten kochen. Dann Nieren, Speckwürfel und Champignons herausholen und in einer Tonschüssel warm stellen.
- Die Butter und das Mehl miteinander verkneten und den Butter-Mehl-Kloß mit dem Schneebesen unter die kochende Weinsauce schlagen. Nochmals abschmecken, dann die Nieren damit übergießen.

Beilage: Kartoffelschnee, Bohnen- oder Tomatensalat.

Pochieren

Wenn ein Topf voll Wasser bei stärkster Hitze auf der Kochstelle steht, dann brodelt das Wasser: das ist Kochen. Wird die Hitze so weit reduziert, daß sich die Wasseroberfläche nur noch leicht kräuselt, dann ist die richtige Temperatur zum Pochieren erreicht. Bekannt sind die »pochierten Eier«, zu deutsch »verlorene Eier«. Das rohe Ei wird dazu auf eine Untertasse geschlagen und von dieser ins heiße, aber nicht kochende Wasser gleiten lassen. Das Eiweiß gerinnt sofort und bildet einen Mantel um den Dotter. Nach 3–4 Minuten wird das pochierte Ei mit einem Schaumlöffel herausgeholt, abgetropft und zurechtgeschnitten, das heißt, Eiweiß, das absteht, wird mit dem Messer entfernt.

Pochiert werden auch Forellen, die auf der Speisekarte als »blau gekocht« stehen, und Kalbsbries. Das Pochieren ist eine sehr schonende Gartechnik, bei der Aroma und Geschmack voll erhalten bleiben.

Ris de veau à la princesse

Kalbsbries mit Spargeln

Kalbsbries – auch Milch oder Milcher, Bröschen, Milken und Milkner genannt – wird von den Gourmets noch höher als Kalbshirn geschätzt. Auch der Mann von Madame Joriaux liebt es sehr; sie hat daher eine ganze Sammlung von Bries-Rezepten, zu denen auch das folgende gehört.

Zutaten für 4 Personen:
500 g Bries · 2 rohe, feine Schweinsbratwürste · 125 g frische Champignons · ½ Dose Brechspargel oder 500 g frischer Spargel · ½ Tasse Milch · 1 Teel. Salz · 1 Teel. feiner weißer Pfeffer · 4 Eßl. Butter · 2 Eßl. Mehl · 100 g geriebener Käse · 1 Teel. fein gehackte Petersilie

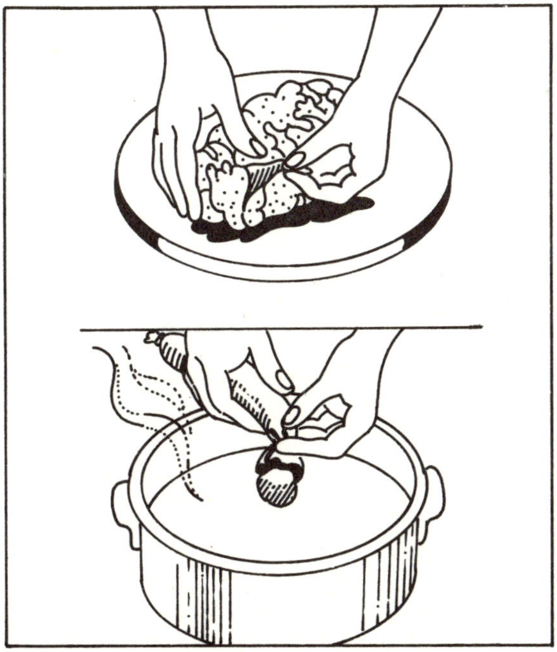

Von dem blanchierten Bries wird die äußere Haut abgezogen (oben). Aus dem einen Ende der Bratwurst drückt man die Wurstmasse in kleinen Kugeln ins kochende Wasser.

- Das Bries kalt abspülen, mit kochendem Wasser übergießen und 2 Minuten darin liegen lassen. Dann das Fett abschneiden und die Haut, die das Bries umschließt, abziehen.
- Die Bratwurstmasse aus den Wurstenden in kochendes Wasser drücken, so daß kleine Kugeln entstehen. 2 Minuten pochieren, dann mit einem Schaumlöffel herausnehmen.
- Die Champignons putzen, kalt abspülen und halbieren oder vierteln. In ganz wenig Flüssigkeit einige Minuten dünsten. Den Spargel schälen, in mundgerechte Stücke schneiden und in Salzwasser gar kochen. (Dosenspargel nur abtropfen lassen.) Die Milch mit 1 Tasse Wasser vermischen und das Bries darin mit dem Salz und dem Pfeffer 10 Minuten pochieren. Dann herausnehmen und in dicke Scheiben schneiden.
- Die Butter mit dem Mehl verkneten und in die wasserverdünnte Milch einschlagen. Aufkochen lassen. Unter diese Sauce den geriebenen Käse rühren. Alle Zutaten – Briesschnitten, Bratwurstkugeln, Champignons und Spargeln – in die Sauce geben und heiß werden lassen. In einer vorgewärmten Schüssel anrichten und mit der Petersilie bestreut servieren.

Beilage: Kartoffelschnee, Kopfsalat.

Cailles sur canapé

Gebratene Wachteln auf geröstetem Brotsockel

Wachteln sind besonders zart, allerdings auch sehr klein. Wer die Mühe scheut, sich beim Essen mit so winzigem Geflügel abmühen zu müssen, kann statt der Wachteln Perlhuhn verwenden. Leider sind Perlhühner in Deutschland im Handel nicht immer zu erhalten.

Zutaten für 4 Personen:
8 Wachteln (oder 1 Perlhuhn) · 100 g Butter · 1 Teel. Salz · ½ Teel. Selleriesalz · ½ Teel. feiner weißer Pfeffer · 1 Tasse Bouillon oder Wasser ·

Côte d'agneau bonne femme.
Rezept unten auf dieser Seite.
Das Fleisch wird erst im Schmortopf angebraten, dann gibt man das vorbereitete Gemüse zu.

1 Tasse Weißwein • 1/2 Tasse roter oder weißer Traubensaft • 1 1/2 Teel. Stärkemehl • 1 Teel. Paprikapulver • 1/2 Teel. Knoblauchsaft • 4 Eßl. Öl • 4 große Weißbrotscheiben • 2 Eßl. Kalbsleberwurst

• Das vorbereitete Geflügel waschen, abtropfen lassen und mit Küchenkrepp trockentupfen. Flügel und Keulen mit Küchengarn festbinden. In einer Pfanne die Hälfte der Butter erhitzen und das Geflügel darin in 10 Minuten von allen Seiten anbräunen.
• Dann mit dem Salz, dem Selleriesalz und dem Pfeffer einreiben. Die Bouillon – oder das Wasser –, den Weißwein und den Traubensaft angießen. Das Geflügel in der offenen Pfanne 20 Minuten lang schmoren. Die Flüssigkeit soll dabei auf ein Drittel einkochen.
• Das Geflügel herausnehmen. Das Stärkemehl anrühren, an den Bratensatz rühren und einmal aufkochen lassen. Mit dem Paprikapulver und dem Knoblauchsaft abschmecken.
• In einer Pfanne das Öl erhitzen und die Brotscheiben darin goldbraun rösten. Das Röstbrot auf eine gewärmte Platte legen und das Geflügel darauf anordnen: von den Wachteln je 2 auf einer Scheibe, das Perlhuhn wird geviertelt.
• Zuletzt die Leberwurst und die restliche Butter mit dem Schneebesen in die Sauce schlagen. Die Sauce soll hell und samtig aussehen. Sie wird über das Geflügel geträufelt.

Côte d'agneau bonne femme

Geschmorter Lammrücken Hausfrauenart

Bild nebenstehend.

Von allen – oder sagen wir fast allen – Gerichten der klassischen Kochkunst, wie sie in den Restaurants serviert werden, gibt es die sogenannte »Bonne-Femme«-Variante, eine Abwandlung für den Hausgebrauch. Der Unterschied besteht darin, daß diese Familiengerichte meist herzhafter schmecken, dafür aber nicht so kunstvoll angerichtet werden wie im Restaurant. Oft werden die Gemüse mit dem Fleisch zusammen geschmort – wie bei unserem Rezept.

Zutaten für 4 Personen:
1 kg Lammrücken im Stück (die Rippen kurz absägen oder abschlagen lassen) • 2 Teel. Salz • 2 Teel. feiner schwarzer Pfeffer • 100 g Räucherspeck • 500 g Karotten • 2 große Zwiebeln • 2 Knoblauchzehen • 2 Eßl. Olivenöl • 1 Eßl. getrockneter Thymian • 1 Teel. getrockneter Salbei • 2 Lorbeerblätter • 1/2 l Weißwein • 750 g Tomaten • 2 Eßl. flüssige Würze oder Fleischextrakt

• Das Fleisch mit Küchenkrepp abreiben und mit dem Salz und dem Pfeffer würzen. Den Speck würfeln. Die Karotten putzen und in dünne Scheiben schneiden, die Zwiebel schälen und ebenfalls in dünne Scheiben schneiden, die geschälten Knoblauchzehen halbieren.
• In einem großen Schmortopf das Öl erhitzen und die Speckwürfel darin auslassen. Das Fleisch zugeben und von allen Seiten rasch anbräunen. Das vorbereitete Gemüse, den Thymian, den Salbei und die Lorbeerblätter zugeben und den Wein angießen. Alles zugedeckt 1 Stunde bei mittlerer Hitze schmoren lassen.
• In der Zwischenzeit die Tomaten überbrühen, abziehen und kleinschneiden. Nach der Stunde Garzeit zum Fleisch geben und 20 Minuten mitschmoren lassen. Zuletzt die flüssige Würze – oder den in Wasser gelösten Fleischextrakt – zugeben.

Beilage: Bratkartoffeln, grüne Bohnen.

Caneton à l'orange

Ente mit Orangen

Bild Seite 110.

Caneton à l'orange ist ein klassisches französisches Gericht, das man in Frankreich in jedem guten Restaurant angeboten bekommt. In den Haushalten ziert die Ente mit Orangen oft eine Festtafel. Die Enten, die man in Frankreich für dieses Gericht verwendet, sind jung, daher nicht fett. Die Orangen dürfen nicht gespritzt sein.

Zutaten für 4 Personen:
1 Zwiebel • 1 Möhre • 1 bratfertige Ente von etwa

BONNET
LURTON

Caneton à l'orange.
Rezept Seite 108.

1,5 kg · 1 gestrichener Teel. Salz · 2 Eßl. Öl · 1 Eßl. Butter · je 1 Prise Streuwürze und schwarzer Pfeffer · 1/4 Teel. getrockneter Thymian · 8 Orangen (ungespritzt) · Saft von 1/2 Zitrone · 2 Stück Würfelzucker · 3 Eßl. Weinessig

- Die Zwiebel schälen, die Möhre putzen, beides kleinschneiden. Die Ente waschen, mit Küchenkrepp trockentupfen, innen mit dem Salz ausreiben und zusammenbinden.
- Das Öl in einer Bratenpfanne erhitzen und die Ente darin von beiden Seiten knusprig anbraten. Die Ente innen mit der Streuwürze, dem Pfeffer und dem Thymian würzen, mit der zerlassenen Butter übergießen und im vorgeheizten Backofen bei 250° 1 Stunde braten, dabei öfter mit dem Bratensatz beschöpfen.
- In der Zwischenzeit von 4 Orangen die Schale sehr dünn abschälen und in schmale Streifen schneiden. Überbrühen, 3 Minuten im Wasser liegen lassen, dann abgießen.
- Die fertig gebratene Ente warm stellen. Den Bratensatz durchsieben und mit dem Zitronensaft und dem Saft von 2 Orangen vermischen. Den Zucker in einer Pfanne karamelisieren lassen, den Essig zugeben und die Orangenschalen darin durchziehen, aber nicht kochen lassen. Alles in die Sauce rühren.
- Die Ente mit etwas Sauce überziehen und mit den enthäuteten Spalten von 4 Orangen dekorieren. Die übrige Sauce gesondert dazu reichen.

Beilage: Erbsen, haricots verts, Blattspinat (Rezept Seite 88).

Mayonnaise

Die französische Hausfrau kauft die berühmte kalte Sauce nicht fertig im Geschäft, sondern bereitet sie selbst zu. Die Herstellung ist nicht schwierig, wenn man einige Regeln beachtet. Die Zutaten sind Eigelb, Salz, weißer Pfeffer, Weißweinessig bester Qualität und Olivenöl oder Erdnußöl. Welches Öl man wählt, ist Geschmacksache.

Eine irdene Rührschüssel wird auf ein feuchtes Küchentuch gestellt, damit sie nicht verrutschen kann. 2–3 Eidotter, 1 Teel. Salz und ½ Teel. Pfeffer werden glattgerührt. Dann kommt das Öl dazu. Es soll kühl sein – denn kühles Öl verbindet sich besser mit dem Eigelb –, aber ja nicht kalt und dicklich. Man läßt das Öl am besten aus einer kleinen Glaskaraffe in dünnem Strahl in die Eigelbmasse fließen und verrührt schnell mit dem Schneebesen. Nicht schlagen, es soll ja keine Schaummasse entstehen! Wenn etwa die Menge einer halben Tasse eingerührt ist, 1 Eßl. Weinessig unterrühren. Dann wieder unter Rühren Öl zugeben, bis alles verbraucht ist. Wenn die Mayonnaise nicht gleich verwendet wird, beträufelt man die Oberfläche mit etwas heißem Wasser und verrührt das in der Sauce.

Das Mengenverhältnis Ei zu Öl bleibt jeder Hausfrau selbst überlassen. Je mehr Öl, desto schwerer bekömmlich, je mehr Eigelb, desto teurer. Der Essig sorgt für Geschmack und dafür, daß die Sauce flüssig bleibt und nicht zu steif wird.

Blanquette de veau normande

Normannisches Kalbsblankett

Blankett und Frikassee sind einander – zumindest äußerlich – so ähnlich, daß der Küchenneuling tatsächlich in Verwirrung geraten kann. Der Unterschied: Beim Frikassee wird das Fleisch in einer fertig zubereiteten Sauce gegart, beim Blankett garen die Fleischwürfel in einer vorher gekochten und abgeschmeckten Gemüsebrühe. Unser Hühnerfrikassee ist also strenggenommen ein Blankett. Madame Joriaux legt besonderen Wert auf eine würzige Brühe, damit die Fleischwürfel ebenso würzig schmecken. Neben diesem normannischen Blankett gibt es noch eine sehr aparte südfranzösische Variante, die anstelle der Sahne Cognac und Traubensaft oder Cognac allein verwendet.

Zutaten für 6 Personen:
1 kg Kalbfleisch aus der Schulter · 1 große Möhre · 1 Zwiebel · 1 Gewürznelke · 1/2 Lorbeerblatt · 1 Bund Petersilie · 1 Zweig Thymian · 1 1/2 Teel. Salz · 2 Teel. weiße Pfefferkörner · 50 g Butter · 30 g Mehl · Salz · Pfeffer · 1 Tasse Sahne · 4 Eigelbe

- Das Fleisch in Würfel von etwa 50 g schneiden.
- In einem Suppentopf die geputzte Möhre, die geschälte Zwiebel mit eingesteckter Nelke, das Lorbeerblatt, den Thymian, das Salz und die Pfefferkörner in 3/4 l Wasser zum Kochen bringen und 20 Minuten lang bei mittlerer Hitze zugedeckt kochen lassen. Die Brühe durchsieben.
- In einer Kasserolle wieder zum Kochen bringen und die Fleischwürfel darin bei sehr milder Hitze 1 Stunde lang ziehen lassen. Die Flüssigkeit darf dabei nicht sprudeln!
- In einer anderen Kasserolle die Butter zerlaufen lassen und das Mehl darin hell anschwitzen. Mit 1/2 l Gemüsebrühe aufgießen und glattrühren. Unter Umrühren 10 Minuten lang kochen lassen. Mit Salz und Pfeffer abschmecken. Die Sahne zugeben. Die Eigelbe mit einem Schöpflöffel Sauce verrühren, die Sauce von der Kochstelle nehmen und die Eigelbe mit dem Schneebesen unterschlagen.
- Die Fleischwürfel aus der restlichen Brühe herausholen und in der Sauce servieren.

Beilage: Reis oder Kartoffelpüree, Erbsen, Blumenkohl.

Rôti de porc à la cannelle

Schweinebraten mit Zimtkruste

Bratäpfel, mit Zimtzucker bestreut, oder auch Schweinebraten mit Zimtäpfeln sind bekannte Gerichte. Hier wird aber der Schweinebraten selbst mit einer Mischung aus Zimt, Zucker und Kardamom bestreut. Vielleicht hat ein französischer Kolonialoffizier das Gericht einmal in die Heimat mitgebracht.

Zutaten für 6 Personen:
2 Knoblauchzehen · 1,5 kg frischer Schweineschinken mit der Schwarte (oder ein Schulterstück mit Schwarte) · 2 Teel. Salz · 1 Teel. feiner schwarzer Pfeffer · 6 Eßl. Öl · 1 Tasse Weißwein (z. B. Elsässischer Gewürztraminer) · 4 Zwiebeln · 2 Eßl. Zucker · 1/2 Teel. gemahlener Zimt · 1/2 Teel. gemahlener Kardamon · 2 Eßl. Cognac

- Die Knoblauchzehen schälen und der Länge nach vierteln. Das Fleisch waschen und trockentupfen. Die Schwarte mit einem sehr spitzen, scharfen Messer kreuzweise einschneiden, so daß Karos entstehen. Die Knoblauchstifte in Abständen in die Karokreuzungen stecken. Das Fleisch mit dem Salz und dem Pfeffer einreiben.
- In einer Bratenpfanne mit Deckel das Öl erhitzen, das Fleisch hineinlegen und im vorgeheizten Backofen bei starker Hitze 20 Minuten lang anbraten. Dabei einmal wenden. Dann den Wein angießen und die geschälten, geviertelten Zwiebeln zugeben. Den Deckel aufsetzen und das Ganze 1 Stunde bei mittlerer Hitze schmoren lassen.
- Den Zucker, den Zimt und den Kardamom miteinander vermischen. Diese Mischung dick auf die gebratene Schwarte streuen und festdrücken. Ohne Deckel bei starker Oberhitze überkrusten lassen. Das Fleisch herausnehmen und warm stellen.

• Die Sauce im Elektromixer pürieren, in eine Kasserolle gießen und aufkochen. Evtl. mit Salz und Pfeffer nachwürzen. Den Cognac zugießen und die Sauce 2 Minuten kochen lassen, damit der Alkohol verfliegen kann.
• Den Braten im ganzen auf einer vorgewärmten Platte anrichten. Die Sauce wird gesondert dazu serviert.

Beilage: Folienkartoffeln oder Pommes frites, gebackene Bananen, Rosenkohl oder Salate.

Tournedos Rossini

Tournedos Rossini

Dieses berühmte Gericht heißt in allen Sprachen der Welt gleich – man kann es also nicht übersetzen. Der Komponist des »Barbier von Sevilla« war, wie allgemein bekannt, auch ein begabter und einfallsreicher Kochkünstler. Unzählige Anekdoten ranken sich um den Koch Rossini. So soll er einmal einem Freund dessen eigene Glacélederhandschuhe in einer delikaten Sauce vorgesetzt haben, ohne daß dieser merkte, daß es die Hüllen seiner Hände waren, die er da aufaß.
In manchen Restaurants erhält man nur eine unzulängliche Ausgabe der Tournedos. Madame Joriaux ist stolz darauf, daß sie die »Urfassung« präsentiert. Wichtig dabei ist die Gänsestopfleber. In Deutschland müssen wir sie als Dosenkonserve kaufen. Sie wird als Blockdose oder Roulade bezeichnet. Also keine gewürzte Gänseleberpastete verwenden!
»Tournedos« sind übrigens Filetsteaks vom Rind, und zwar werden sie aus der Filetspitze geschnitten. Sie dürfen weder geklopft noch gepreßt werden.

Zutaten für 4 Personen:
8 Tournedos von je 125 g · 1 Dose Trüffel (kleinste Größe) · 200 g Gänsestopfleber · 1/2 Tasse Madeira 1 1/2 Teel. Salz · 1 Teel. feiner weißer Pfeffer · 4 Eßl. Öl · 100 g Butter · 8 Scheiben Toastbrot ohne Rinde · 2 Eßl. Mehl · 1 gestrichener Teel. Stärkemehl · 1/2 Tasse Bouillon

• Die Tournedos nebeneinander auf ein Fleischbrett legen. Die Trüffeldose öffnen, die eine der Trüffeln klein würfeln, die andere in 8 hauchdünne Scheiben schneiden. Die Flüssigkeit aus der Dose aufheben für die Sauce. Die Trüffelwürfel und die Gänseleber in eine Schüssel legen, mit dem Madeira übergießen und 1 Stunde ziehen lassen.
• Die Tournedos mit dem Salz und dem Pfeffer würzen. In einer Pfanne das Öl und die Hälfte der Butter erhitzen und die Tournedos darin von jeder Seite 4 Minuten braten.
• Gleichzeitig in einer anderen Pfanne die restliche Butter erhitzen und die Brotscheiben darin goldbraun werden lassen. Die Brotscheiben auf eine vorgewärmte Platte legen und die Tournedos daraufsetzen. Warm stellen.
• Die Leber abtupfen und in dem Mehl wenden, bis sie trocken ist. Im Fett der Fleischpfanne von jeder Seite 1 Minute braten. Dann in 8 gleich große Scheiben schneiden. Auf jedes Tournedo kommt 1 Scheibe Gänseleber und darauf 1 Scheibe Trüffel.
• Die gewürfelte Trüffel, den Madeira und die Dosenflüssigkeit in die Fleischpfanne geben und zum Kochen bringen. Das Stärkemehl in der Bouillon verrühren und in die Pfanne gießen. Die Sauce 5 Minuten lang kochen lassen. Dabei soll ein Teil der Flüssigkeit einkochen. Die Tournedos mit der Sauce begießen.

Beilage: Pommes frites, Erbsen oder Artischockenböden oder Spargel.

Tournedos à l'orange et au poivre vert

Filetschnitten mit Orangen und grünem Pfeffer

Dieses Rezept stammt aus Madame Joriaux' Schublade mit modernen Gerichten. Sie hat es von einer Freundin bekommen und mit diesen Tournedos schon des öfteren ihre Gäste entzückt. Besonders praktisch: Es läßt sich auch noch abends nach Büroschluß zubereiten.

Zutaten für 4 Personen:
8 Tournedos von je 125 g · 2 Schalotten · 1 kleine Dose grüne Pfefferkörner (etwa 100 g) · 2 unbehandelte Orangen · 80 g Butter · 6 Eßl. Rum · ½ Teel. Salz · ½ Tasse Sahne

- Die Tournedos dicht nebeneinander auf eine Porzellanplatte legen. Die Schalotten schälen und in dünne Scheiben schneiden. Die Pfefferkörner auf einem Sieb ablaufen lassen, über die Tournedos streuen und darüber die Schalottenscheiben. Ein Brett darüberlegen, mit einem Gewicht beschweren und das Fleisch 1 Stunde ziehen lassen.
- Von beiden Orangen die Schale abreiben. Eine Orange auspressen, die andere sorgfältig von der weißen Haut befreien und in dünne Scheiben schneiden.
- In einer großen Pfanne die Butter erhitzen und die Tournedos mit den Pfefferkörnern und den Schalotten darin von jeder Seite 3–4 Minuten braten. Dann den Rum darüberträufeln, mit einem Streichholz anzünden und abbrennen lassen.
- Die Tournedos aus der Pfanne nehmen, salzen und warm stellen. Die Orangenscheiben in der Pfanne erhitzen und auf die Tournedos verteilen.
- Den Orangensaft in die Pfanne gießen und den Bratensatz damit loskochen. Nach 2 Minuten die geriebene Orangenschale und die Sahne zugeben und die Sauce weitere 2 Minuten kochen, dabei ständig mit dem Schneebesen schlagen. Die Tournedos mit der Sauce überziehen.

Beilage: Lyoner Kartoffeln – in Scheiben geschnittene gekochte Kartoffeln und Zwiebelscheiben mit Butter in der Pfanne goldbraun gebraten –, Salat.

Agneau à la bordelaise

Lammschulter auf Bordelaiser Art

Die Gerichte auf Burgunder Art werden fast immer mit Rotwein zubereitet. Seltsamerweise fehlt die Weinzugabe bei den Rezepten aus der zweiten großen französischen Weinprovinz, dem Bordelais. Unser Gericht macht nicht viel Mühe und ist zudem preiswert, denn Lammschulter kostet nicht viel. Natürlich können Sie auch Lammrücken oder -keule verwenden. Madame Joriaux wollte nur zeigen, daß man auch sparsam gut kochen kann.

Zutaten für 4 Personen:
1000 g Lammschulter, mit Knochen gewogen · 1½ Teel. Salz · 1 Teel. feiner weißer Pfeffer · ½ Tasse Öl · 2 Tassen Semmelbrösel · 3 Eßl. fein gehackte Petersilie · 6 Knoblauchzehen · 40 g Butter

- Das Fleisch waschen, trockentupfen und in große Stücke zerschneiden. Nach Möglichkeit die Knochen mitzerschneiden, mit Messer oder Geflügelschere. Knochen, die Widerstand leisten, herauslösen. Das Fleisch mit dem Salz und dem Pfeffer einreiben. Das Öl in einem Schmortopf erhitzen und die Fleischstücke darin unter gelegentlichem Wenden von allen Seiten anbräunen. Zugedeckt bei milder Hitze 40 Minuten schmoren lassen.
- Die Semmelbrösel durch ein feines Sieb schütten und mit der Petersilie und den geschälten, sehr fein gehackten Knoblauchzehen vermischen.
- Das Fleisch aus dem Schmortopf holen, das Öl bis auf einen Rest von 1 Eßl. abgießen (es kann für ein anderes Gericht verwendet werden) und das Fleisch warm stellen. Die Butter zum Öl geben und die Semmelbrösel mit Petersilie und Knoblauch unterrühren. Die Brösel unter ständigem Rühren hellbraun werden lassen. Das Fleisch zugeben und den Topf sofort von der Kochstelle nehmen. Brösel und Knoblauchzehen dürfen nicht zu lange braten, sonst werden sie dunkel und bitter. Das Gericht gleich zu Tisch geben.

Beilage: ein Salat aus Staudensellerie oder Chicorée.

Selle de marcassin à la sauce aux cerises

Wildschweinrücken mit Kirschsauce

Daß Wild mit eingemachten Früchten eine äußerst wohlschmeckende Verbindung eingehen kann, ist eine alte Kochbuchweisheit – und nicht nur eine französische. In Deutschland zum Beispiel verwendet man gern Wildfrüchte wie Hagebutten, Preiselbeeren, Heidelbeeren, Brombeeren. Madame Joriaux nimmt für die Sauce unseres Rezepts kleine Marasken-Sauerkirschen, die besonders aromatisch sind. Sie können aber natürlich auch jede andere Art Sauerkirschen nehmen, nur keine Süßkirschen.

Zutaten für 4 Personen:
2 kg Wildschweinrücken von einem jungen Tier, mit Knochen gewogen · 1½ Teel. getrockneter Thymian · 1 Zweig getrockneter Salbei · 2 Teel. schwarze Pfefferkörner · 2 Teel. Salz · ½ l Rotwein 1 Möhre · ½ Sellerieknolle · 2 Stengel Petersilie 4 Zwiebeln · 60 g Speck · 125 g Butter · 3 Eier 5 Eßl. Semmelbrösel · 1 Teel. Zucker · 1 Messerspitze gemahlener Zimt · 1 Tasse Sauerkirschenkompott · 1 Tasse Kirschkompottsaft · 1 unbehandelte Zitrone

- Das Fleisch kalt abspülen. Mit einem spitzen Messer die weißen Häute flach durchstechen und abziehen. Den Thymian, den Salbei, die Pfefferkörner und das Salz im Mörser zerstoßen (oder mit einem hölzernen Messergriff in einer Holz- oder Metallschüssel). Mit der Gewürzmischung das Fleisch einreiben und 2 Stunden stehen lassen. Den Wein erwärmen und die geputzte, in Scheiben geschnittene Möhre, die geschälte Sellerieknolle, die Petersilie, 2 geschälte, in Scheiben geschnittene Zwiebeln sowie ½ l Wasser dazugeben. Aufkochen lassen und warm über das Fleisch gießen. Nochmals 2 Stunden ziehen lassen, dabei das Fleisch einige Male wenden.
- Dann das Fleisch herausnehmen und trockentupfen. In eine Bratenpfanne mit Deckel den gewürfelten Speck, das Fleisch sowie die restlichen, in Scheiben geschnittenen Zwiebeln geben. Die Marinade angießen und das Fleisch zugedeckt im vorgeheizten Backofen bei 200° etwa 50 Minuten schmoren.
- In der Zwischenzeit in einer Kasserolle die Butter erwärmen. Die Eier, die Semmelbrösel, den Zucker und den Zimt unterrühren. Wenn das Fleisch gar ist, die Oberseite des Bratens mit dieser Masse dick bestreichen und bei starker Oberhitze 7–10 Minuten überkrusten lassen. Warm stellen.
- Die Bratensauce in eine Kasserolle sieben, die Kirschen, den Kirschsaft, die abgeriebene Schale und den Saft der Zitrone zugeben und alles 2–4 Minuten stark kochen lassen, damit etwas Flüssigkeit verkocht.
- Das Fleisch auf einer vorgewärmten Platte anrichten. Die Sauce wird gesondert dazu gereicht.

Beilage: Maronen oder Röstkartoffeln, Rotkohl oder Schwarzwurzeln, je nach Jahreszeit.

Sauces · Saucen

Sie bilden die Geschmacksbrücke zwischen Fisch oder Fleisch und den Beilagen oder zwischen den Bestandteilen eines Salats. Eines dürfen Saucen jedoch auf keinen Fall: den Eigengeschmack der Speisen zudecken. Sie sollen ihn vielmehr ergänzen, erhöhen und vollenden. Ohne passende Sauce ist ein Gericht oftmals nur ein halber Genuß.

Die französischen Hausfrauen bereiten daher ihre Saucen mit sehr viel Liebe und Sorgfalt zu und mit ausgewählten Zutaten. Die Menge der Sauce ist von untergeordneter Bedeutung. Man überschwemmt den Teller nicht mit Saucenflüssigkeit. Die Sauce setzt in Frankreich nur einen kleinen, aber wichtigen Akzent, rundet die Würzkomposition ab. Daher genügen ein oder zwei Löffel. Die Saucen sind meist sehr kalorienreich – auch dies ist ein Grund, sich nicht allzu ausgiebig damit zu bedienen –: Bereits für die Grundsauce wird oft Sahne und Butter verwendet, und in die fertig gekochte Sauce wird nochmals Butter hineingeschlagen.

Wichtig ist die Herstellung der Grundsubstanz aus Fleisch, Knochen oder Fisch, die durch mehrstündiges Kochen gewonnen wird. Manchmal wird der Fleisch- oder Fischsud nach dem Absieben nochmals um über die Hälfte »reduziert«, also ohne Deckel bei starker Hitze eingekocht. Dieses Konzentrat ergibt dann eine besonders gute Saucenbasis.

Fertigprodukte – trocken, als Paste oder in Dosen – sind nach wie vor in französischen Haushalten, die auf gute Küche achten, unbekannt.

Demi-glace
Bratensauce

Die Übersetzung »Bratensauce« ist nicht ganz korrekt. Demi-glace bedeutet eigentlich »halbe glace de viande«. Und die wiederum ist der reine Jus, der entsteht, wenn man angebratene Knochen zusammen mit Gewürzen stundenlang kocht. Demi-glace hat also auch nur die halbe Gelierkraft wie die richtige Glace. Für die klassische Kochkunst ist die Demi-glace eigentlich nur ein Halbfertigprodukt, aus dem man durch geschmacksgebende Zusätze andere Saucen bereiten kann. Die Hausfrauen verwenden sie allerdings ebenso »unveredelt«, denn sie schmeckt wunderbar kräftig.

Zutaten für 10 Personen:
3 kg Kalbsknochen · 500 g Zwiebeln · 2 Teel. Salz 2 Teel. schwarzer Pfeffer · 4 Eßl. Tomatenmark · 1 Lorbeerblatt · 1 Teel. Kümmel · 2 Eßl. Mehl · ½ Tasse Madeira

- Die Knochen klein schlagen – oder bereits vom Fleischer klein schlagen lassen – und in einer großen Kasserolle ohne Fett bei starker Hitze von allen Seiten dunkelbraun rösten.
- Die grob zerschnittenen Zwiebeln, das Salz, den Pfeffer sowie das in 1 l Wasser verrührte Tomatenmark zugeben und alles zugedeckt zum Kochen bringen. Nach 2 Stunden verkochtes Wasser ergänzen. Den Lorbeer und den Kümmel sowie das mit dem Madeira verrührte Mehl zugeben und alles eine weitere Stunde kochen. Die Flüssigkeit – sie sollte noch etwa ½ l betragen – durchsieben. Sie muß von sämiger Konsistenz sein.

Unser Tip: Die Demi-glace paßt zu Rindersteaks aller Art, Kalbsbraten, Kalbshaxe, gebratenem Geflügel, Schweinebraten.

Sauce Robert
Robert-Sauce

Die Sauce Robert ist ein Abkömmling der Bratensauce und von der Art, daß sie auch das müdeste Gericht aufmuntert. Das liegt am Senf – weshalb er von bester Qualität sein muß.

Zutaten für 4 Personen:
1 kg Schweinsknochen · 2 Eßl. Mehl · 50 g Schweineschmalz · 6 Eßl. Tomatenmark · 2 Zwiebeln · ½ Lorbeerblatt · ½ Tasse Dosenmilch oder Sahne · 4 Eßl. milder Senf (Dijon-Senf oder milder heller Senf aus Deutschland) · 1 Teel. Zucker · 2 Teel. Johannisbeergelee

- Die Knochen grob zerschlagen – oder dies gleich beim Fleischer besorgen lassen – und mit dem Mehl vermischen.
- In einer großen Kasserolle das Fett erhitzen und die Knochen darin unter Wenden bei scharfer Hitze bräunen.
- 1 l Wasser angießen und alles zugedeckt 2 Stunden kochen lassen. Dann die Flüssigkeit durch ein Sieb gießen. So viel Wasser zugeben, daß die Flüssigkeitsmenge ½ l beträgt.
- Das Tomatenmark, die in Scheiben geschnittenen Zwiebeln und das Lorbeerblatt zugeben. Die Sauce weitere 30 Minuten kochen lassen. Wieder durchs Sieb gießen.
- Die verbleibende Sauce mit Sahne oder Dosenmilch, dem Senf, dem Zucker und dem Gelee abschmecken. Dieses Rezept ergibt etwa ½ l Sauce.

Unser Tip: Von der Sauce Robert gibt es zwei Varianten: die Sauce charcutière (Metzger-Sauce) und die Westmoreland-Sauce. Für die Metzger-Sauce werden an die fertige Sauce Robert fein gehackte Essiggurken gegeben, für die Westmoreland-Sauce gehackte Mixed Pickles.
Diese Saucen müssen wegen des scharfen Konservierungsessigs mit etwas Zucker »abgestumpft« werden. Alle drei Saucen werden fast ausschließlich zu Koteletts, Schweinebraten, Schweineschnitzeln und gekochten Schweinsfüßen gereicht, also zu deftiger Hausmannskost.

Coq au vin.
Rezept Seite 94.
Die Hähnchenteile werden angebraten. Schalotten und Morcheln schmort man in Öl. Der Wein wird an die Sauce gegossen.

Sauce hollandaise

Holländische Sauce

Über dieses Gericht könnte man ein eigenes Buch schreiben. Die Sauce hollandaise erscheint auf der ganzen Welt unter demselben Namen. Madame Joriaux und ich haben nicht die umständliche Zubereitung des 19. Jahrhunderts gewählt – dazu wird erst aus Essig, Estragon, Salz und Pfeffer eine sogenannte Reduktion gekocht –, sondern eine moderne Variante. Sie ist weit einfacher und ebenfalls ausgezeichnet. Übrigens: Eine etwas abgewandelte Hollandaise steht beim Rezept »Côte de veau au Calvados, Seite 63.

Zutaten für 4 Personen:
4 Eigelbe • Saft von 1 Zitrone • 1/2 Teel. Salz • 1/2 Teel. Zucker • 1/2 Teel. weißer Pfeffer • 100 g Butter • 2 Eßl. Quark • 4 Eßl. Milch

- Die Eigelbe in einer Schüssel aus Porzellan oder Edelstahl – auf keinen Fall in einer Aluminiumschüssel! – mit dem Schneebesen glattrühren. Den Zitronensaft, Salz, Zucker und Pfeffer zugeben und unterrühren. Diese Masse im Wasserbad so lange rühren, bis eine Creme entstanden ist. Nicht etwa schaumig schlagen!
- In einer Kasserolle die Butter zerfließen lassen. Die zerlaufene Butter durch ein Sieb gießen, damit der weiße Eiweißschaum zurückbleibt.
- Die Butter löffelweise mit dem Schneebesen unter die gewürzte Eigelbmasse rühren.
- Den Quark mit der Milch verrühren und unter die fertige Sauce heben. Die Hollandaise darf, da sie mit rohem Eigelb zubereitet ist, später niemals erhitzt werden! Das Eigelb würde sofort gerinnen, und die Butter würde sich absetzen.

Unser Tip: Besonders gut paßt die Sauce hollandaise zu Spargel, Blumenkohl, Artischocken, gekochtem Fisch, Kalbsbries, Ragout fin, Kalbskoteletts.

Liaison

Im Deutschen kennt man die »Liaison« als zarte oder zärtliche Verbindung zwischen zwei Menschen. In Frankreich ist sie das auch – unter vielen anderen Bedeutungen. In der Sprache der Küche meint man damit ebenfalls eine zarte Bindung: Rohes Eigelb wird mit frischer Sahne und Gewürz verquirlt (aber nicht schaumig geschlagen!) und zum Binden von Suppen, Saucen, Cremes verwendet. Weil ein Eidotter oft nicht völlig glatt verquirlt werden kann, läßt man die liaison zusätzlich durch ein Haarsieb laufen.

Die liaison kommt stets in heiße Flüssigkeiten. Damit das rohe Eigelb nicht sofort zu Fäden gerinnt, füllt man die liaison unter ständigem Rühren löffelweise mit der heißen Flüssigkeit auf die doppelte Menge auf. Dadurch wird die liaison vorerwärmt. Dann läßt man sie unter Rühren in die Suppe oder Sauce einlaufen. Suppe oder Sauce müssen anschließend sofort von der Kochstelle genommen werden, damit das Eigelb nicht doch noch gerinnt.

Sauce au raifort (links). Rezept Seite 123.
Sauce Robert (rechts oben). Rezept Seite 117. Sauce Aurose (unten).
Die Sauce Aurose ist eine Hollandaise (Rezept Seite 118), in die etwas Tomatenmark gerührt wird, so daß sie rosig aussieht – wie die Morgenröte.

Sauce normande

Normannische Sauce

Diese Sauce stammt aus der Normandie, der Heimat der Familie von Madame Joriaux. Die Normandie ist das Land der Sahneküche und des Fischreichtums. Deshalb wird auch unsere Sauce vor allem zu gekochtem Fisch serviert. Anstelle von Weißwein verwendet Madame Joriaux immer Cidre, den Apfelwein der Normandie.

Zutaten für 4 Personen:
750 g Köpfe, Schwänze und Mittelgräten von frischen Seefischen • 2 mittelgroße Zwiebeln • 1 Kräutersträußchen mit Petersilie, Estragon, Dill, Kerbel, Lauch • ½ Lorbeerblatt und 1 kleinen Thymianstengel • 2 Teel. Salz • 1 Teel. weiße Pfefferkörner • 150 g Butter • ½ l Weiß- oder Apfelwein 4 Eßl. Mehl • 2 Eigelbe • ⅛ l Sahne • 1 Eßl. Zitronensaft

- Die Fisch»abfälle« kalt abspülen, grob zerschneiden und in einen großen Kochtopf legen. Die geschälten, in Scheiben geschnittenen Zwiebeln, das Kräutersträußchen, das Salz, den Pfeffer sowie 60 g Butter zugeben und alles bei mittlerer Hitze etwa 15 Minuten lang andüsten. Dabei mit einem Holzlöffel ab und zu umwenden. Dann den Wein und 1½ l Wasser zugießen und alles im offenen Topf 1 Stunde kochen lassen. Die Flüssigkeit soll mindestens auf ein Drittel eingekocht sein.
- In einer Kasserolle 50 g Butter zerlaufen lassen und das Mehl darin hellgelb anschwitzen. Mit der durchgesiebten Fischbrühe aufgießen. Aufkochen lassen. Die Eigelbe mit einigen Eßl. heißer Sauce verrühren und diese Mischung mit dem Schneebesen in die Sauce einschlagen. Die Kasserolle von der Kochstelle nehmen, die restliche Butter und die Sahne unterschlagen, abschmecken. Zuletzt den Zitronensaft unterrühren. Er macht die Sauce leichter. Wurde besonders saurer Apfelwein verwendet, gibt man noch ½ Teel. Zucker zu.

Sauce Soubise

Soubise-Sauce

Diese Sauce wird besonders gern zu Hammelbraten gereicht. Aber man kann sie ebenso zu Wildschwein- und Hirschbraten servieren, wie auch zu Schweinekoteletts, Rinderbraten und Bratwurst. Benannt ist die Sauce nach dem Fürsten de Soubise, Marschall von Frankreich, der, wie im 18. Jahrhundert auch bei Kriegsherren nicht selten, ein recht galantes Leben führte und sich der Gunst höchststehender Damen erfreute. Ob ihm dabei diese Zwiebelsauce, die sein Leibkoch erfunden und nach ihm benannt hat, eine Hilfe bedeutet hat, wissen wir allerdings nicht.

Zutaten für 4 Personen:
400 g große Zwiebeln • 50 g Butter • 2½ Eßl. Mehl 1 Eßl. Weinessig • 1½ Eßl. Schweineschmalz • 1 Teel. Salz • 1 Teel. feiner weißer Pfeffer • evtl. ¼ Tasse Bouillon • 4 Eßl. Bratensaft oder gelöster Fleischextrakt

- Die Zwiebeln schälen und in dünne Scheiben schneiden. Die Butter in einer Kasserolle zerlaufen lassen, das Mehl darin hell anschwitzen und mit ½ Tasse heißem Wasser ablöschen. Die Zwiebelscheiben, den Essig, das Schweineschmalz, das Salz und den Pfeffer in die Mehlschwitze einrühren und alles zugedeckt bei sehr milder Hitze 1 Stunde lang kochen lassen. Ist die Sauce zu wenig flüssig, die Bouillon zugeben. Dann die Sauce im Elektromixer pürieren, den Bratensaft – oder den Fleischextrakt – zugeben und alles nochmals aufkochen. Die Sauce soll sehr dickflüssig sein, fast wie ein Zwiebelbrei.

Sauce bordelaise

Sauce nach der Art von Bordeaux

Dies ist die klassische Sauce zu gebratenem Fleisch, insbesondere zu Filetsteaks, Entrecôtes und Rumpsteaks, aber auch zu Brathähnchen und Lammkoteletts.

Zutaten für 4 Personen:
$^1/_{10}$ l roter Bordeaux · 6 Schalotten · 1 Zweig getrockneter Thymian · $^1/_2$ Lorbeerblatt · 100 g Butter · 200 g Rindermark, ohne Knochen gewogen · 1 Teel. Zitronensaft · 1 Teel. Salz · $^1/_2$ Teel. feiner schwarzer Pfeffer

- Den Wein in einer Kasserolle erhitzen. Die geschälten, geviertelten Schalotten, den Thymian und das Lorbeerblatt zugeben, einmal aufkochen und dann bei sehr milder Hitze noch 10 Minuten zugedeckt ziehen lassen. Durchsieben.
- Den Wein wieder erhitzen. Die Butter in Flöckchen nach und nach mit dem Schneebesen unterschlagen.
- Das Mark mit heißem Wasser übergießen, dann kalt abspülen. Die Hälfte sehr fein hacken und unter die Weinsauce rühren. Mit dem Zitronensaft, dem Salz und dem Pfeffer abschmecken.
- Das restliche Mark in dünne Scheiben schneiden (das geht ganz leicht, wenn man das Mark vorher im Kühlschrank hat festwerden lassen). Die Markscheiben in der Sauce warm werden lassen, ehe man serviert.

Sauce provençale

Provenzalische Sauce

Wer als Gast das Wort »Provence« auf der Speisekarte liest, hat sogleich den Geschmack von ölgedünstetem Knoblauch auf der Zunge. Auch für diese Sauce wird natürlich Knoblauch verwendet. Provence-Fans können den Knoblauchanteil wesentlich erhöhen, sagen wir auf 4-6 Knoblauchzehen. Gereicht wird diese Sauce zu Lammsteaks, Mutton Chops, côte d'agneau, aber auch zu gebratenen Makrelenfilets und zu Forellen.

Zutaten für 4 Personen:
4 Tomaten · 3 Knoblauchzehen · 6 Eßl. Olivenöl · $^1/_4$ Tasse Weißwein · 2 Schalotten · 1 Teel. Salz · $^1/_2$ Teel. feiner weißer Pfeffer · 1 Eßl. fein gehackte Petersilie · 40 g Butter

- Die Tomaten überbrühen, abziehen, in Stücke schneiden und in eine Kasserolle geben. Die Knoblauchzehen schälen, in dünne Scheibchen schneiden und mit dem Öl zu den Tomaten geben. Alles bei milder Hitze 10 Minuten dünsten. Dabei mehrmals umrühren. Die Tomatenflüssigkeit soll etwas einkochen. Dann den Wein, die geschälten, fein gehackten Schalotten, das Salz und den Pfeffer zugeben. Die Sauce zugedeckt 20 Minuten weiterdünsten. Die Kasserolle von der Kochstelle nehmen und die Petersilie sowie die Butter in Flocken mit dem Schneebesen unterschlagen.

Aioli

Provenzalische Knoblauchsauce

Das erste Mal habe ich Aioli am heißen Strand des Mittelmeers gegessen, zusammen mit hartgekochten Eihälften. Offengestanden, mir schmeckte sie in diesem Augenblick nicht besonders. Erst nach einigen Tagen – und am kühlen Abend –, als man sie mir mit gekochtem Thunfisch servierte, lernte ich ihre Vorzüge schätzen.

Zutaten für 4 Personen:
1 Handvoll Brotrinde von Stangenweißbrot · 1 Tasse Milch · 2 Eigelbe · 2 hartgekochte Eier · 8 Knoblauchzehen · $^1/_2$ l Olivenöl · 1 Teel. Salz · $^1/_2$ Teel. feiner weißer Pfeffer

- Die Brotrinden in der Milch mit einer Gabel zerdrücken, so daß eine Paste entsteht. Die Eigelbe untermischen. Die hartgekochten Eier sehr fein hakken und mit einer Gabel ebenfalls unter die Paste mischen. Die Knoblauchzehen schälen und in einem Mörser fein stoßen oder mit der Messerklinge zerquetschen. Dieses Knoblauchmus sowie das Öl mit Hilfe einer Gabel mit der Paste vermischen. Die Sauce muß sehr sämig sein. Zuletzt mit Salz und Pfeffer abschmecken. Man kann die Salzmenge ohne weiteres verringern, weil der Knoblauch ohnehin einen starken Geschmacksakzent setzt.

Sauce au raifort

Meerrettichsauce

Bild Seite 120.

Diese beliebte Sauce ist so einfach und rasch herzustellen, daß man sie fast als Schnellgericht bezeichnen kann. Häufig reicht man sie zu gekochtem Rindfleisch, sie paßt aber auch zu Schweinefleisch, Lammbraten und gebratenem Seefisch. Im Gegensatz zur mehlgebundenen Meerrettichsauce hat unser Rezept den Vorteil, daß die Sauce auf der Oberfläche keine Haut bildet, daher immer servierbereit ist, und zudem nicht grau wird.

Zutaten für 4 Personen:
2 Tassen gesiebte Semmelbrösel · 1 l Milch · 2 Teel. Zucker · 2 Teel. Zitronensaft · 6 Eßl. geriebener frischer Meerrettich · 1 Teel. Salz · 1 Teel. feiner weißer Pfeffer

• Die Semmelbrösel und die Milch in einen hochwandigen Topf schütten, zum Kochen bringen und einmal aufkochen lassen. Dabei ständig umrühren. Die Sauce soll von sämiger Konsistenz sein. Den Zucker, den Zitronensaft, den Meerrettich, das Salz und den Pfeffer unterrühren. Alles noch einmal aufkochen lassen, servieren.

Desserts · Süßspeisen

Viele Franzosen greifen nach dem obligaten Stückchen Käse als Abschluß der Mahlzeit gern in den wohlgefüllten Obstkorb. Im Sommer, bei einem reichlichen Angebot an frischen Früchten und Beeren ist das zweifellos ein angenehmes und gesundes Dessert, vor allem, wenn man, wie in Frankreich häufig üblich, die Früchte mit frischer Sahne serviert. Die richtigen Gourmets und Gourmands aber spitzen den Mund, wenn im Restaurant die Dessertauswahl gezeigt wird. Im Familienkreis ist das nicht anders. Die süße Speise ist in Frankreich – wie auch in anderen Ländern – oftmals die Krönung einer Mahlzeit.

Inzwischen kennt man auch in Frankreich die Angst vor den allzu vielen Kalorien. Wir haben daher Desserts ausgesucht, die nicht so stark »an die Hüften« gehen, die außerdem verhältnismäßig schnell zubereitet sind, aber dennoch apart genug, so daß die Hausfrau bei Familie und Gästen damit Ehre einlegen wird.

Crème Shéhérazade

Creme Tausendundeine Nacht

Der Name bezieht sich nur auf die »orientalischen« Zutaten. Madame Joriaux und mir gefiel er deshalb nicht sonderlich, aber einen besseren Einfall hatten wir leider nicht. Die Zutaten zur Creme können Sie übrigens nach Belieben variieren (nur der Quark bleibt). Ein großer Vorteil dieses Desserts: Es läßt sich noch im letzten Augenblick herstellen, weil es wenig Mühe macht.

Zutaten für 4 Personen:
500 g Quark · 1/2 Tasse Sahne · 70 g Mandeln · 50 g Feigen · 2 Bananen · Saft von 2 Orangen · 50 g Zucker · 2 Eßl. Honig

- Den Quark zusammen mit der Sahne im Elektromixer glatt schlagen. Die Mandeln – 4 Stück für die Dekoration aufheben – und die grob zerschnittenen Feigen zugeben und alles nochmals 2 Minuten mixen. Dann die in Scheiben geschnittene Banane, den Orangensaft und den Zucker zugeben und das Ganze weitere 2 Minuten pürieren.
- 4 Kelchgläser mit kaltem Wasser ausspülen und die Creme hineinfüllen. Die restlichen Mandeln halbieren und die Creme damit verzieren. Mit dem Honig Muster auf die Oberfläche zeichnen. Dazu läßt man ihn von einem Teelöffel laufen.

Mousse au chocolat

Schokoladenschaumcreme

Bild Seite 130.

Dieses Dessert gehört nicht nur zum Standardprogramm der guten Restaurants, sondern wird auch in den französischen Haushalten, zur Freude der ganzen Familie, häufig bereitet. Es ist allerdings nicht gerade arm an Kalorien. Aber wer denkt schon daran, wenn etwas so zauberhaft schmeckt wie die Schokoladenmousse?

Zutaten für 4 Personen:
4 Eier · 2 Eßl. Zucker · 2 Eßl. Cognac · 170 g halbbittere Schokolade · 3 Eßl. starker Kaffee · 135 g Butter · 1/2 Tasse steifgeschlagene Sahne für die Verzierung

- Die Eier in Eigelb und Eiweiß trennen. Die Eigelbe in einer Schüssel mit dem Zucker 3 Minuten lang schlagen, bis sie schaumig sind. Den Cognac dazurühren. Die Schüssel in einen Topf mit heißem Wasser stellen und die Eigelbcreme 3 Minuten weiterschlagen, bis sie warm ist.
- Dann die Creme in eine Schüssel mit kaltem Wasser setzen in dem Eisstücke schwimmen, und dort abkühlen lassen. Dabei weiterschlagen, so daß die Creme luftig, dick und sahnig wird. Dieser Arbeitsvorgang ist sehr wichtig und kann nicht abgekürzt werden!
- Die Schokolade zusammen mit dem Kaffee in eine Kasserolle geben und darin bei milder Hitze schmelzen lassen. Die Kasserolle von der Kochstelle nehmen und die Butter in Flöckchen unter die Schokolade schlagen.
- Die Eiweiße steif schlagen. Die Schokoladencreme unter die Eigelbcreme rühren. Zuletzt vorsichtig den Eischnee unterheben.
- Die Mousse entweder in Portionsgläser oder in eine große Glasschale füllen und im Kühlschrank erstarren lassen. Mit der Schlagsahne verziert servieren.

Beilage: Löffelbiskuits oder andere leichte Kekse.

Unser Tip: Anstelle von Cognac können Sie auch Kirschwasser verwenden. Wenn man will, kann man zusätzlich zerschnittene kandierte Kirschen unter die Mousse rühren.

Beignets de pommes

Apfelkrapfen

Viele Hausfrauen haben ein wenig Angst vor dem Fritieren, dem Backen im schwimmenden Fett. Am bequemsten und sichersten geht das Fritieren natürlich mit einer elektrischen Friteuse, die sich auf die gewünschte Temperatur einstellen läßt. Notwendig ist sie aber nicht. Es läßt sich in jedem eisernen Topf backen. Das Fett – es muß unbedingt hoch erhitzbar sein – darf man bis zu sechsmal verwenden (und danach kann man noch Fleisch darin braten). Die Zutaten für diese Beignets ergeben 6 Stück.

Zutaten für 4–6 Personen:
300 g (2 große) Reinetten · 6 Eßl. Zucker · 1 Prise Zimt · 80 g Brösel, am besten von Biskuits · 1 Eßl. geriebene Mandeln · 2 Eier · 2 l Erdnußöl oder 750 g Pflanzenfett · 2 Teel. Puderzucker · evtl. Calvados zum Flambieren

- Die Äpfel schälen, halbieren, vom Kernhaus befreien und auf der Rohkostreibe raffeln. Die geraffelten Äpfel mit dem Zucker, dem Zimt, den Bröseln, den Mandeln und den Eiern locker vermischen. Die Mischung 1 Stunde ruhen lassen.
- Das Öl oder Fett in einer Friteuse oder einem hochwandigen Topf erhitzen. Mit 2 Eßlöffeln eine kleine Portion Apfelmasse – etwa ½ Eßl. voll – ins heiße Fett tropfen lassen. Wenn sie goldbraun gebacken ist, herausnehmen und zum Abtropfen auf Küchenkrepp legen.
- Die fertigen Beignets auf einer Platte anrichten und mit dem Puderzucker überstäuben. Wer will, kann die Beignets mit Calvados flambieren. Allerdings leidet die Knusprigkeit darunter.

Crêpes Georgette

Georgettes Eierpfannkuchen

Weithin bekannt sind die Crêpes Suzette. Es gibt in der französischen Küche eine ganze Anzahl von Crêpe-Rezepten, die, einige Geschicklichkeit vorausgesetzt, wenig Mühe machen und durch immer wieder andere Füllungen so oft variiert werden können, daß sie nie langweilig werden. Unsere dickeren deutschen Eierkuchen kann man dafür allerdings nicht brauchen. Crêpes müssen blattdünn gebacken sein. Das geht nur in einer Pfanne mit spiegelglattem, gut gepflegtem Boden. Ritzen und Kratzer würden die Crêpes verderben.

Zutaten für 6 Personen:
3 Eier · 50 g Zucker · 1 Prise Salz · 150 g Mehl · 2½ Tassen Milch · 2 Eßl. Cognac · gut ½ Tasse Öl, 12 Ringe Ananas aus der Dose.
Für die Sauce:
1 Tasse tiefgekühlte Himbeeren · 2 Eßl. Puderzucker · 1 Glas Himbeergeist · 6 Eßl. Sahne

- Die Eier mit 50 g Zucker, dem Salz, dem Mehl, der Milch und dem Cognac glattrühren. Den Teig 30 Minuten ruhen lassen.

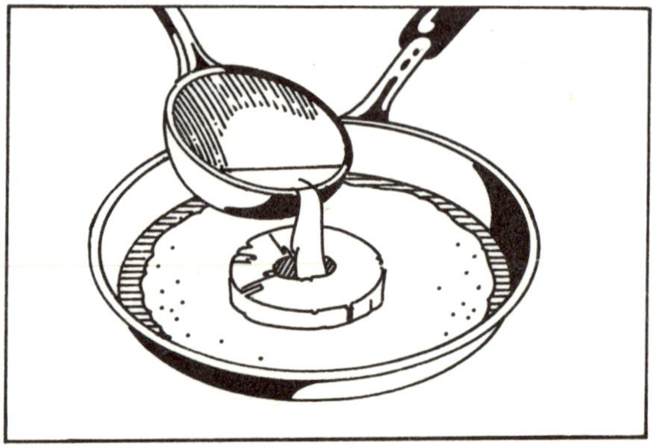

Auf den Crêpeteig in der Pfanne legt man einen abgetropften Ananasring und füllt in seine Höhlung ein wenig Teig.

- In einer kleinen Pfanne von etwa 14 cm Bodendurchmesser ½ Eßl. Öl erhitzen. 1 knappen Eßl. Teig durch wechselseitiges Anheben der Pfanne darin verlaufen lassen. 1 abgetropften Ananasring in die Mitte legen und in die Höhlung des Rings etwas Teig füllen. Nach einigen Minuten die Crêpe mit Hilfe einer Palette wenden und auf der anderen Seite ebenfalls braun werden lassen. Die übrigen Crêpes ebenso bereiten.
- Für die Sauce alle Zutaten im Elektromixer pürieren. Jeder träufelt sie selbst über seine Crêpes.

Crêpes Suzette

Flambierte Eierküchlein

Bild Seite 129.

Diese Crêpes gehören zu den Standardgerichten aller guten Restaurants. Madame Joriaux bietet ihren Gästen diesen Nachtisch zu besonderen Anlässen. Und da sie die papierdünnen kleinen Pfannkuchen schon Stunden vorher bäckt und auch die zuckrige Orangensauce vorbereitet, ist dieses Dessert ganz unkompliziert.

Zutaten für 4 Personen:
1/8 l Milch · 8 gestrichene Eßl. Mehl · 2 Eier
1 Prise Salz · 5 Eßl. Butter · 2 Orangen (ungespritzt) · 2 Eßl. Zucker · 2 Schnapsgläser Grand Marnier

- Die Milch in eine Schüssel geben. Das Mehl dazusieben und nach und nach mit den Eiern und dem Salz verrühren. Es soll eine dünnflüssiger Teig entstehen. (Eventuell noch etwas Milch oder Wasser zugeben.) Den Teig zugedeckt 1 Stunde stehen lassen.
- In einer kleinen Pfanne mit glattem Boden ein nußgroßes Stück Butter zerlaufen lassen, 1 knappen Eßl. Teig hineingeben und durch wechselseitiges Anheben der Pfanne darin verlaufen lassen. Die Crêpes sehr hell backen. Die fertigen Crêpes zweimal zusammenfalten und warm stellen.
- Die Orangen heiß abwaschen, abtrocknen und die Schale abreiben. Den Orangensaft auspressen. Die restliche Butter – etwa 4 Eßl. – in einer Flambierpfanne schmelzen lassen, den Zucker unter ständigem Rühren darin hellbraun karamelisieren lassen, die Hälfte des Grand Marnier, die Orangenschale und den Orangensaft zugeben und alles gut erhitzen.
- Die gefalteten Crêpes in dieser Sauce unter ständigem Beschöpfen erwärmen.
- Den restlichen Grand Marnier über die heißen Crêpes träufeln und anzünden. Sobald die Flamme erloschen ist, die Crêpes auf Portionstellern anrichten und mit der Orangensauce übergießen.

Unser Tip: Reichen Sie dazu geschlagene oder flüssige Sahne oder Vanilleeiscreme.

Crêpes au fromage blanc flambées au Grand Marnier

Quarkpfannkuchen mit Grand Marnier flambiert

Grand Marnier ist ein Pomeranzenlikör, dessen Alkoholanteil aus Cognac besteht. Das gibt ihm einen milden, vollmundigen Geschmack. Er wird in Frankreich sehr viel zum Kochen verwendet. Bei Madame Joriaux steht die Flasche denn auch in der Küche, nicht an der Bar.

Zutaten für 4 Personen:
Für den Pfannkuchenteig:
150 g Mehl · 3 Eier · 2 Eßl. flüssige Butter ·
1 Prise Salz · 1 Eßl. Zucker · Butter zum Backen.
Für die Füllung:
900 g Quark · 1 unbehandelte Orange · 70 g Zucker · 250 g Kompottkirschen ohne Stein ·
6 Eßl. Grand Marnier

- Für den Teig alle Zutaten in einer Schüssel verrühren und leicht schlagen, so daß eine sämige Masse entsteht. Den Teig 30 Minuten ruhen lassen. In einer kleinen Pfanne mit glattem Boden 1 nußgroßes Stück Butter erhitzen, 1 knappen Eßl. Teig hineingeben und durch wechselseitiges Anheben der Pfanne darin verlaufen lassen. Von beiden Seiten hellbraun backen. Die fertigen Pfannkuchen auf einem Teller stapeln und warm stellen.
- In einer anderen Schüssel den Quark mit der abgeriebenen Schale und dem Saft der Orange, 1 gehäuftem Eßl. Zucker und den Kirschen vermengen. Nach Belieben können die Kirschen auch kleingeschnitten werden. Die Pfannkuchen nebeneinander ausbreiten und auf jeden 1 Eßl. der Quarkmasse geben. Die Pfannkuchen zusammenrollen, auf eine Platte legen und mit dem restlichen Zucker bestreuen.
- Den Grand Marnier in einer kleinen Kasserolle erwärmen, die Pfannkuchen damit übergießen und mit einem Streichholz anzünden. Brennend servieren. Madame Joriaux reicht dazu noch kühle, flüssige Sahne, die sich jeder über seine Portion gießen kann.

Crêpes Suzette.
Rezept Seite 127.
So werden die fertigen Crêpes gefaltet. Bild 2–4 zeigen das Zubereiten der Orangensauce. Die Crêpes werden flambiert und mit der Sauce übergossen serviert.

Gratin de pommes

Gratinierte Apfelpfanne

Sie können für dieses Dessert die meisten Apfelsorten verwenden. Madame Joriaux und ich haben allerdings herausgefunden, daß besonders gut geeignet eine Cox Orange Reinette ist. Und sie ist fast das ganze Jahr über erhältlich.

Zutaten für 4 Personen:
1 kg Reinetten • 5 Eßl. Rum • 3 Eßl. Puderzucker
500 g Aprikosenkonfitüre

- Mit dem Apfelausstecher das Kernhaus der Äpfel entfernen. Die Äpfel schälen, aber ganz lassen, und dünnblättrig schneiden.
- Den Rum mit 1 Eßl. Puderzucker in einer Terrine verrühren. Der Zucker muß sich völlig auflösen. Die Apfelscheiben darin zugedeckt 3 Stunden ziehen lassen.
- Dann die Apfelscheiben abtropfen lassen und den Saft auffangen.
- Eine flache feuerfeste Form dick mit der Aprikosenkonfitüre ausstreichen. Die Apfelscheiben daraufschichten und vorsichtig glattstreichen, damit sie nicht zerbrechen. Den restlichen Puderzucker darüberstreuen.
- Die Apfelpfanne im vorgeheizten Backofen bei 250° so lange backen, bis die Oberfläche goldbraun ist. Dann aus dem Ofen nehmen und etwas abkühlen lassen.
- Die Rum-Zucker-Marinade in einer Kasserolle erhitzen und vor dem Servieren über den Auflauf gießen. Wenn man noch Rum zugießt, kann man den Auflauf auch flambieren.

Charlotte à l'orange

Orangen-Charlotte

Charlotten gibt's in allen möglichen Varianten. Am berühmtesten ist die Charlotte russe, mit sehr viel Schlagsahne. Unser Rezept ist nicht so fett, daher besser bekömmlich. Dafür muß man etwas mehr Zeit aufwenden, weil man den Biskuitteig backen muß. Wenn man's sehr eilig hat, kann man auch Löffelbiskuits verwenden.

Zutaten für 6 Personen:
Für den Teig:
3 ganze Eier • 1 Eigelb • 80 g Zucker • 80 g Mehl
½ Tasse Himbeergelee.
Für die Creme:
8 Blatt weiße Gelatine • 8 Eier • 400 g Zucker • ½ l Weißwein • ½ l Orangensaft • Saft von 2 Zitronen

- Für den Biskuitteig die Eier in Eigelb und Eiweiß trennen. Die 3 Eigelbe und das Extra-Eigelb mit dem Zucker so lange verrühren, bis eine weißliche Masse entsteht.
- Die Eiweiße sehr steif schlagen. Das Mehl sieben und schnell unter den Eischnee heben. Diese Mischung ebenso schnell unter die Eigelb-Zucker-Mischung heben. Nicht rühren!
- Ein Backblech mit niedrigem Rand mit Pergamentpapier bedecken, den Teig darauffließen lassen und mit einem Teigspatel gleichmäßig verstreichen. Den Biskuitteig im vorgeheizten Backofen bei 300° etwa 12 Minuten backen. Ober- und Unterhitze müssen gleich stark sein.
- Den fertiggebackenen Teig mit dem Papier vom Blech gleiten lassen, die Teigplatte umdrehen und das Papier langsam abziehen. Die abgezogene Seite mit dem Himbeergelee bestreichen und den Teig zu einer festen Rolle zusammenrollen.
- Für die Creme die Gelatine etwa 3 Minuten in kaltem Wasser einweichen. Die Eier in Eigelb und Eiweiß trennen. 4 Eiweiße zu steifem Schnee schlagen. Die 8 Eigelbe mit dem Zucker verrühren.
- Den Wein in einer Kasserolle erhitzen und heiß mit dem Schneebesen unter die Eigelb-Zucker-Masse schlagen. Das Ganze zurück in die Kasserolle

Mousse au chocolat.
Rezept Seite 125.
Eigelbe und Zucker werden miteinander schaumig geschlagen. Der Eischnee wird unter die Schokoladencreme gehoben.

füllen und unter ständigem Rühren bei milder Hitze zum Kochen bringen. Von der Kochstelle nehmen und die eingeweichte Gelatine in der Creme auflösen.

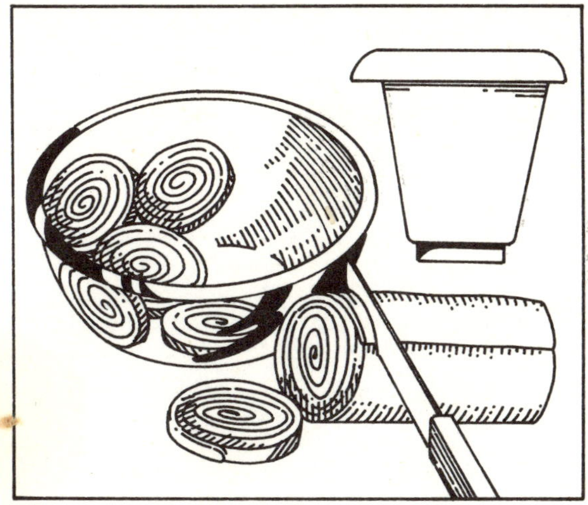

Die Charlottenform wird mit den dünn geschnittenen Scheiben der Biskuitrolle ausgelegt.

- Den Orangen- und den Zitronensaft dazurühren und die Creme abkühlen lassen. Sobald die Creme anfängt zu stocken, den Eischnee unterziehen.
- Die Biskuitrolle in dünne Scheiben schneiden und die Wände und den Boden einer Puddingschüssel damit auslegen. Die Scheiben kleben an den Wänden. Die Creme hineingießen. Mit den restlichen Biskuitscheiben die Oberfläche bedecken.
- Die Creme im Kühlschrank völlig erstarren lassen. Sie kann vor dem Servieren gestürzt werden, nötig ist es aber nicht.

Parfait charentais

Eisauflauf nach Art der Charente

Die Charente, die Heimat des Cognac, hat diesem Dessert den Namen verliehen. Anstelle von Cognac läßt sich natürlich auch etwas anderes Hochprozentiges verwenden: einer der aromatischen Obstbrände zum Beispiel, wie Himbeer oder Kirsch.

Zutaten für 6 Personen:
¼ l Sahne • 150 g Puderzucker • 2 Teel. Vanilleextrakt • 1 Eigelb • 4 Schnapsgläser Cognac • 250 g Himbeeren, frisch oder tiefgekühlt

- Die Sahne mit 100 g Puderzucker und der Vanille steif schlagen. Das Eigelb mit dem Cognac und dem restlichen Zucker zu einer glatten Creme verrühren. Sahne und Creme miteinander verrühren, in eine flache Schale gießen und für 3 Stunden ins Gefrierfach des Kühlschranks stellen.
- Frische Himbeeren verlesen, tiefgekühlte auftauen lassen.
- Das Eisparfait aus dem Kühlschrank nehmen, an den Rändern der Form mit einem Messer lösen und auf eine gekühlte Platte stürzen. Sollte das Lösen Schwierigkeiten machen, den Boden der Form mit einem Lappen bedecken, der in heißem Wasser ausgewrungen wurde. Die Himbeeren werden bei Tisch über die Eisportionen gegeben. Nach Belieben kann man noch flüssige Sahne dazu reichen.

Soufflé au citron

Zitronenauflauf

Ein Soufflé kann warm oder kalt, süß oder pikant sein. Es muß durchaus kein kostbares und kostspieliges Gericht sein, das man nur zu besonderen Gelegenheiten serviert. Unser Zitronenauflauf zum Beispiel ist als sommerliches Dessert gedacht, das wenig Mühe macht und schnell zubereitet ist. Anstatt der 4 Zitronen kann man 2 Zitronen und 2 Orangen nehmen. Auch Mandarinen kann man verwenden, jedoch keine Grapefruit.

Zutaten für 4 Personen:
4 gestrichene Eßl. Mehl • ¾ Tasse Milch • 150 g Zucker • 4 Zitronen • 60 g Butter • 6 große Eier • etwas Butter zum Ausstreichen der Form • 4 Eßl. Zucker zum Bestreuen

• In einer Kasserolle Mehl, Milch und Zucker miteinander verrühren. Die Zitronen heiß abwaschen und 2 Zitronen hauchdünn schälen. Die Schalen in die Kasserolle geben und alles bei milder Hitze langsam zum Kochen bringen. Unter Rühren 2 Minuten leise kochen lassen. Dann die Zitronenschalen herausnehmen, die Kasserolle von der Kochstelle nehmen, die Butter in Flocken zugeben und darin schmelzen lassen.
• Die Eier in Eigelb und Eiweiß trennen. Die Eigelbe nacheinander unter die Creme schlagen. Die Creme in einen anderen Topf gießen und die geriebene Schale der beiden anderen Zitronen sowie den Saft von $1\frac{1}{2}$ Zitronen unterrühren. Erkalten lassen.
• Die Eiweiße zu steifem Schnee schlagen. Zuerst ein Drittel des Eischnees unter die Creme heben, dann den Rest. Auf diese Weise bleibt der Schnee auch in der Creme luftig.
• Eine Auflaufform mit Butter ausstreichen, die Creme hineinfließen lassen und im vorgeheizten Backofen bei 250° 25 Minuten lang backen. Den Zucker aufstreuen und den Auflauf in der Form servieren.

Croûtes aux poires

Birnenkrüstchen

Der Pfiff an diesem Gericht ist die Kombination von Birne mit schwarzen Johannisbeeren – als Likör. Cassis ist ein in Frankreich sehr beliebter Likör, der auch für den Apéritif »Kir« – eiskalter Weißwein mit etwas Johannisbeerlikör – verwendet wird. Cassis ist sehr ergiebig, es genügen manchmal schon

Soufflé

Das Qualitätsmerkmal für jedes Soufflé ist die luftig-leichte Konsistenz, die es unzähligen Luftbläschen verdankt. Die Kunst besteht darin, erst einmal diese Luftbläschen in reichlicher Menge zu erzeugen, und dann dafür zu sorgen, daß sie halten, bis man das Gericht gegessen hat.

Dazu muß 1. der Eischnee sehr, sehr fest geschlagen werden, 2. die eigentliche Soufflémasse – zum Beispiel Eidotter mit Zucker verrührt, geriebener Käse, Mehl oder Weizenstärke, Fruchtmark und so weiter – rasch unter den Eischnee gehoben (nicht gerührt!) werden, darf 3. der Ofen während des Backens nicht geöffnet werden, damit das Soufflé nicht zusammenfällt, und muß man 4. das Soufflé sofort auf den Tisch bringen. Warten verträgt es nicht!

Die fertige Schaummasse gießt man in eine gebutterte feuerfeste Form und bäckt sie bei guter Mittelhitze, wobei die Unterhitze stärker sein muß als die Oberhitze. Die Form darf höchstens zu drei Vierteln gefüllt sein, damit das Soufflé genügend Platz hat, sich auszudehnen.

Süße Soufflés kann man geschmacklich abwandeln durch die Zugabe von Pomeranzenlikör (Curaçao), Kakao, Nougat, salzige vermischt man mit fein gehacktem Schinken, geriebenem Käse, Quark oder gehackten Kräutern.

wenige Tropfen davon. Madame Joriaux hat einen »Crème double de Cassis«, der doppelt soviel Fruchtgeschmack hat, so daß man noch weniger braucht.

Zutaten für 6 Personen:
6 mittelgroße frische Birnen oder die entsprechende Menge Dosenbirnen · 50 g Zucker · 1 Päckchen Vanillinzucker · 12 Scheiben Zwieback · 6 Eßl. Johannisbeerlikör (Crème de Cassis).
Für die Creme:
3 Eier · 50 g Zucker · 1/2 Tasse Milch · 1 Teel. Stärkemehl · 1 Vanillestange

• Frische Birnen schälen, halbieren und vom Kernhaus befreien. (Dosenbirnen nur abtropfen lassen und die Flüssigkeit aufheben.) In einer Kasserolle die Birnenhälften mit dem Zucker, dem Vanillinzucker und so viel Wasser, daß die Früchte bedeckt sind, bei mittlerer Hitze zum Kochen bringen. Dann die Hitze reduzieren und die Birnen 20 Minuten lang pochieren. Mit einem Schaumlöffel herausnehmen und abtropfen lassen. Die Flüssigkeit auffangen. Die Birnen beiseite stellen.
• Die Zwiebackscheiben auf einer großen Platte auslegen. Löffelweise mit dem Birnensirup begießen. Vorsicht, darf nicht durchweichen! Dann auf jede Scheibe 1 Teel. Johannisbeerlikör träufeln, 1 Birnenhälfte darauflegen und diese ebenfalls mit 1 Teel. Likör überziehen.
• Für die Creme in einer Schüssel die Eier mit dem Zucker verrühren, die Milch und das Stärkemehl zugeben und gut unterrühren. Die Vanillestange halbieren, das Mark herauskratzen und ebenfalls unter die Creme rühren. Alles in eine Kasserolle gießen und bei sehr milder Hitze unter ständigem Rühren langsam erhitzen, bis die Konsistenz cremig wird. Die Creme von der Kochstelle nehmen und abkühlen lassen. Dabei gelegentlich umrühren.
• Die Birnenhälften mit der lauwarmen Creme überziehen. Das Dessert kühl, aber nicht gekühlt servieren. Madame Joriaux reicht dazu noch frische Walderdbeeren, wenn gerade Saison ist, und gibt in die Creme etwas Portwein. Das muß aber nicht sein.

Tartelettes aux marrons

Maronentörtchen

Maronen, auch Edel- oder Eßkastanien genannt, werden im allgemeinen erntefrisch verarbeitet. Dann haben sie noch eine pralle Schale, die sich schnell und leicht öffnen läßt. Zu diesem Rezept jedoch werden kandierte Maronen aus Dose oder Glas verwendet, eventuell auch, wenn erhältlich, eine fertige Maronencreme.

Zutaten für 12 Törtchen:
Für den Teig:
125 g Mehl · 70 g Butter · 1 Prise Salz · 1 Teel. Zucker · 2 Eßl. kaltes Wasser · etwas Butter zum Auspinseln der Förmchen.
Für die Creme:
2 Eigelbe · 2 Eßl. grobkörniger Hagelzucker · 100 g Butter · 2 Eßl. Kirschwasser · 1 Glas kandierte Maronen (200–250 g) oder dieselbe Menge Maronencreme · 2 Eßl. gehackte Pistazien

• Für den Teig das Mehl auf den Küchentisch oder ein Holzbrett schütten und in die Mitte eine Vertiefung machen. Die kalte Butter in Stückchen, das Salz und den Zucker zugeben. Die Zutaten mit den Fingerspitzen verarbeiten, bis die Butterstückchen nur noch erbsengroß sind. Das Wasser nach und nach zugeben und darunterarbeiten. Nicht mit den Handflächen kneten, der Teig darf nicht warm werden! Den glatt verarbeiteten Teig in Pergamentpapier einwickeln und 30 Minuten im Kühlschrank ruhen lassen. Die Törtchenformen – sie müssen einen gezackten Rand haben – mit zerlassener Butter auspinseln.
• Aus Pergamentpapier 12 Stücke ausschneiden, die etwas größer als die Förmchen sein müssen. Den Teig auf 2 mm Dicke ausrollen und mit einem Förmchen 12 Teigstücke ausstechen und in die Förmchen legen. Über jede Form 1 Stück Pergamentpapier legen und mit trockenen Bohnenkernen beschweren. Die Törtchen im vorgeheizten Backofen bei 250° 5 Minuten backen, dann herausnehmen, das Pergamentpapier mit den Bohnen entfernen – dazu die Formen umdrehen – und die Tört-

chen im Ofen weitere 2 Minuten trocknen lassen. Dann die Törtchen vorsichtig herausstürzen und auf ein Gitter zum Auskühlen stellen.

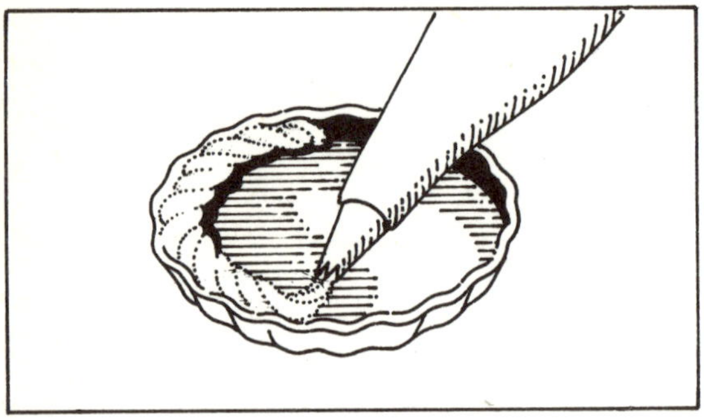

Die ausgekühlten Törtchen werden mit der Maronencreme gefüllt. Man bewegt dazu den Spritzbeutel kreisend vom Rand aus nach innen.

• Für die Creme die Eigelbe und den Zucker in einer Schüssel schaumig rühren. Die weiche Butter ebenfalls unterrühren, dann das Kirschwasser und die zerdrückten oder durchs Sieb gestrichenen Maronen. (Maronencreme wird einfach untergerührt.) Die fertige Maronen-Butter-Creme in einen Spritzbeutel füllen und durch die kleine Sterntülle mit kreisenden Bewegungen die Törtchen vollspritzen. Vor dem Servieren die Törtchen kühl stellen. Mit den Pistazien bestreuen.
• Maronentörtchen eignen sich als Dessert zum Kaffee nach dem Essen. Man kann vorher noch Käse und Eis reichen.

Tarte tante Tatin

Apfeltorte der Tante Tatin

Diese Torte ist nicht nur deshalb so berühmt geworden, weil sie herrlich schmeckt, sondern weil sie auf ungewöhnliche Weise hergestellt wird – sozusagen auf dem Kopf stehend. Sie muß ofenfrisch, am besten noch warm, serviert werden. Man schiebt sie also am besten erst dann ins Rohr, wenn die Gäste eintreffen. Sie ist dann zum Dessert gerade fertig. Aber natürlich kann man sie schon vollständig vorbereiten.

Zutaten für 1 Torte:
Für den Belag:
4 mittelgroße, säuerliche, festfleischige Äpfel · 6 Eßl. Zucker · 4 Eßl. Butter · 1 Vanillinzucker · 2 Schnapsgläser Cognac.
Für den Teig:
250 g Mehl · 50 g Butter · 2 Eßl. Zucker · 2 Eier.
Flüssige oder geschlagene Sahne zum Kuchen

• Die Äpfel schälen, halbieren und vom Kernhaus befreien. Eine Springform auf den Herd stellen, den

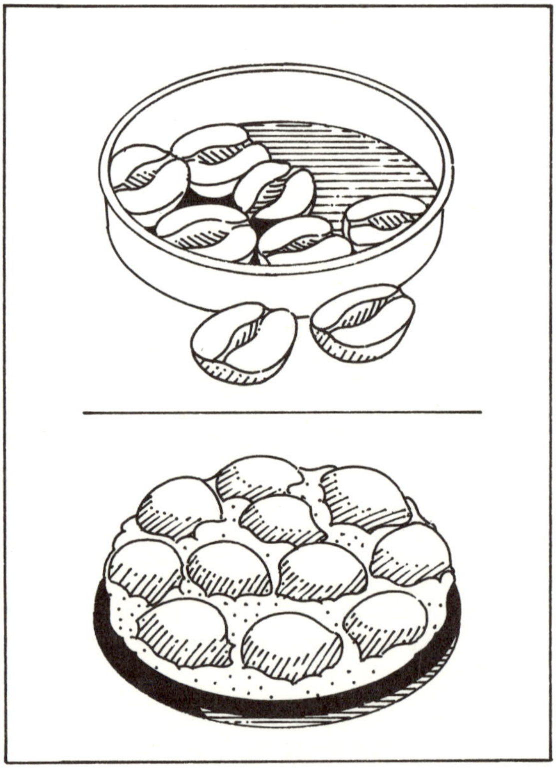

Die halbierten Äpfel werden in die Springform gelegt. So sieht die fertige Torte aus (unten).

Zucker hineinstreuen und die Butter zugeben. Bei milder Hitze unter ständigem Rühren mit einem Holzlöffel karamelisieren lassen. Die Äpfel mit der runden Seite nach unten dicht nebeneinander in die Springform legen. Nach 5 Minuten von der Kochstelle nehmen.

- Für den Teig das Mehl, die Butter in Stückchen, den Zucker und die Eier in einer Schüssel schnell zusammendrücken. Den Teig in passender Größe ausrollen und über die Äpfel legen. Mit einer Gabel mehrfach einstechen, damit keine Blasen entstehen. Die Torte im vorgeheizten Backofen bei 200° 40 Minuten backen. Sollte die Oberfläche zu dunkel werden, mit Folie oder Pergamentpapier abdecken.
- Die Torte nach dem Backen 10 Minuten auskühlen lassen. Dann umgedreht auf eine Tortenplatte legen, so daß der Boden oben liegt, die Springform öffnen und den Boden abnehmen. Flüssiges Karamel vom Boden auf die Äpfel streifen. Mit dem Vanillinzucker bestreuen und mit dem Cognac beträufeln. Mit der Sahne zu Tisch geben.

Unser Tip: Anstatt Cognac kann man auch einen Pomeranzenlikör – Cointreau, Grand Marnier oder Curaçao – verwenden.

La cuisine française en ménu

Menüs nach französischer Art

Die Zusammenstellung eines Menüs, besonders für einen festlichen Anlaß, bedeutet in Frankreich lange und ausführliche Diskussionen im Familienkreis: Da wird über den Reifezustand bestimmter Gemüse gesprochen, über die Beschaffung von Lämmern, die auf salzigen meernahen Wiesen geweidet haben, oder über ein besonders günstiges Angebot gemästeter Perlhühner.
Bei unseren Menüvorschlägen haben wir natürlich unter den Gerichten gewählt, die in diesem Buch enthalten sind, und nur einige weitere zugefügt, die auch bei uns bekannt sind und daher keiner besonderen Erklärung bedürfen, Zu jedem Menü haben wir gleich die passenden Weine ausgesucht. Bekommen Sie die angegebenen Weine nicht, so wird Ihnen ein guter Weinhändler gern helfen, etwas ähnliches zu finden.
Die Speisenfolgen sind nach ihrer Kompliziertheit und dem Aufwand, den sie erfordern, gestaffelt. Vielleicht erscheinen Ihnen auch die einfacheren Menüs ziemlich aufwendig – nach französischen Begriffen sind sie das nicht, denn auch am täglichen Familientisch sind vier bis fünf Gänge das übliche: Suppe oder Vorspeise, Hauptgericht, vielleicht einen Salat, Käse und süßes Dessert.
Wollen Sie ein Menü nach eigenem Geschmack zusammenstellen, so achten Sie bitte stets auf die Gesamtkomposition: Leichtes vor Schwerem, Kaltes vor Warmem, keine gleichartigen Küchenrohstoffe hintereinander – oder überhaupt im Menü – (also keine Champignons als Garnitur, wenn es schon eine Champignoncremesuppe gegeben hat), niemals rustikale Gerichte mit solchen der feinen Küche mischen. Die Speisenfolge ist die »klassische«: kalte Vorspeise, Suppe, eventuell warme Vorspeise, Fisch, Fleisch, Käse, Dessert.

La cuisine française en ménu
Menüs nach französischer Art

Menu 1

Salade mimosa (Rezept Seite 15)
Baguette (Stangenweißbrot)

Brochettes de filet de porc à la diable (Rezept Seite 66) Choux de Bruxelles (Rosenkohl), Pommes lyonnaises (Zwiebelbratkartoffeln)

Fromages (verschiedene Käse)

Mousse au chocolat (Rezept Seite 125)

Getränke:

Als Apéritif und zum Salat: Portwein
Zum Hauptgericht: Rosé de Provence
Zum Dessert: weißer Côte du Rhône

Menu 2

Pruneaux farcis (Rezept Seite 21)

Potage de cresson Madeleine (Rezept Seite 31)

Saumon du Rhin au court-bouillon (Rezept Seite 50)
Pommes persillés (Petersilien-Butterkartoffeln)

Ailerons de dinde à la moutarde (Rezept Seite 97)
Petits pois à la française (Rezept Seite 89)
Pommes gratin (überbackene Kartoffeln)

Fromages (verschiedene Käse)

Charlotte à l'orange (Rezept Seite 128)

Getränke:

Zur Vorspeise, zur Suppe und zum Fisch: mitteltrockener Champagner
Zum Hauptgericht und zum Käse: Rotwein aus der Provence
Zum Dessert: denselben Champagner wie zur Vorspeise

Menu 3

Courgettes farcies aux anchois (Rezept Seite 23)
Toast Melba

Consommé Viveur (Rezept Seite 36)

Gratin de bœuf aux coquillettes (Rezept Seite 68)
Baguette (Stangenweißbrot)

Soufflé au citron (Rezept Seite 131)

Getränke:

Zur Vorspeise und zur Suppe: Edelzwicker aus dem Elsaß
Zum Hauptgang: Muscadet
Zum Dessert: Spätlese von Saar/Ruwer

Menu 4

La Garbure à la béarnaise (Rezept Seite 32)

Cocktail des crevettes à la brétonne (Rezept Seite 23) Toast

Tournedos Rossini (Rezept Seite 113)
Pommes paille (Strohkartoffeln)
Salade de salsifis et artichauts (Rezept Seite 16)

Fromages (verschiedene Käse)

Tartelettes aux marrons (Rezept Seite 133)

Getränke:

Als Apéritif: Sherry
Zum Krevettencocktail: Champagner
Zum Hauptgericht und zum Käse: Roter Bordeaux (Pomerol)
Zum Dessert: weißer, süßer Bordeaux

La cuisine française en ménu
Menüs nach französischer Art

Menu 5

Champignons de Paris à la grecque (Rezept Seite 21)
Baguette (Stangenweißbrot)

Truites aux amandes (Rezept Seite 46)
Salade verte (Kopfsalat)

Le mouton en daube (Rezept Seite 78)
Pommes vapeur (Dampfkartoffeln)

Fromage (verschiedene Käse)

Crème Shéhérazade (Rezept Seite 125)

Getränke:
Zur Vorspeise: trockener Anjou oder weißer Graves sec
Zum Fisch: Champagne natur
Zum Hauptgericht: Moulin à vent
Zum Dessert: Liköre

Menu 6

Terrine au faisan Colmar (Rezept Seite 101)

Potage aux concombres (Rezept Seite 36)

L'Anguille à la tartare (Rezept Seite 48)

Noisette de veau en papillote (Rezept Seite 104)
Salade de céléri-rave (Selleriesalat)
Pommes sautés (Bratkartoffeln)

Plateau fromages (Käseplatte)

Crêpes au fromage blanc (Rezept Seite 127)

Getränke:
Zur Vorspeise und zur Suppe: Elsässer Gewürztraminer
Zum Fisch: Pouilly-Fumé
Zum Hauptgericht: Corton Charlemagne
Zum Dessert: weißer, süßer Bordeaux

Menu 7

Œufs durs aux anchois (Rezept Seite 21)
Toast

Turbot au gratin (Rezept Seite 51)
Pommes naturels (Salzkartoffeln)
Salade au fenouil (Fenchelsalat)

Poulet au citron (Rezept Seite 92)
Epinards en branche (Rezept Seite 88)
Pommes vapeur (Dampfkartoffeln)

Fromages (verschiedene Käse)

Tarte tante Tatin (Rezept Seite 134)

Getränke:
Zur Vorspeise: Sancerre
Zum Fisch: Rosé de Provence
Zum Hauptgericht und zum Käse: Châteauneuf-du Pape
Zum Dessert: Armagnac

Menu 8

Ris de veau à la princesse (Rezept Seite 107)
Toast

Sardines à l'oseille (Rezept Seite 49)

Cailles sur canapé (Rezept Seite 107)
Salade de laitue (Kopfsalat)

Fromages (verschiedene Käse)

Croûtes aux poires (Rezept Seite 132)

Getränke:
Zur Vorspeise und zum Fisch: Graves blanc sec
Zum Hauptgericht: roter Burgunder, etwa Gevrey Chambertin
Zum Dessert: weißer, süßer Bordeaux

La cuisine française en ménu
Menüs nach französischer Art

Menu 9

Œufs pochés Madeleine (Rezept Seite 25)
Riz truffé (Trüffelreis)

Coquilles St-Jaques gratinées (Rezept Seite 54)

Baguette (Stangenweißbrot)

Caneton à l'orange (Rezept Seite 108)
Pommes crème (Kartoffelpüree)
Salade aux fines herbes (Rezept Seite 15)

Fromages (verschiedene Käse)

Parfait charentais (Rezept Seite 131)

Getränke:

Zur Vorspeise: junger Beaujolais
Zum Fisch: Pouilly-Fuissé
Zum Hauptgericht und zum Käse: Châteauneuf-du-Pape
Zum Dessert: trockener Champagner

Menu 10

Foie gras en gelée de Porto (Rezept Seite 103)
Toast

Soufflé de sole (Rezept Seite 53)
Asperges (Spargel)
Riz créole (körnig gekochter Reis)

Côte d'agneau bonne femme (Rezept Seite 108)
Haricots verts (grüne Böhnchen)
Pommes de terre aux truffes (Rezept Seite 85)

Plateau fromages (Käseplatte)

Crêpes Georgette (Rezept Seite 126)

Fruits assortis (Obst)

Mokka

Getränke:

Als Apéritif und zur Vorspeise: mitteltrockener Sherry
Zum Soufflé de sole: Elsässer Ruländer oder Traminer, Spätlese
Zum Hauptgericht: Roter Bordeaux, am besten Médoc
Zum Dessert: Rheingauer Riesling, Auslese
Zum Mokka: Cognac oder Armagnac

Kleines Lexikon der Küchensprache

allumettes	in Streifen von der Größe eines Streichholzes geschnitten. Etwa Kartoffeln, die im Fettopf gebacken werden
amer	bitter
anglaise	à l'anglaise, auf englische Art. Bei Gemüsen heißt das in Salzwasser gekocht, abgetropft und mit reichlich Butter serviert. Beim Fleisch bedeutet es innen nicht durchgebraten, so daß es in der Mitte rosa bleibt
arroser	übergießen, zum Beispiel einen Braten, der im Ofen in Abständen mit Wasser oder dem Fleischsaft begossen werden muß.
assiette	Teller, zum Beispiel ein angerichteter Teller mit Aufschnitt oder Rohkost *(assiette crudité)*
assorti	ausgewählt, also besonders liebevoll zusammengestellt, zum Beispiel eine Käseauswahl *(fromages assortis)*
attereaux	Spießchen mit Fleischstückchen
baba	leichtes Gebäck aus schaumigem Teig, Art Guglhupf
bain-marie	Wasserbad. Eine indirekte, schonende Gartechnik für Speisen, die nicht anbrennen sollen oder die wegen des Gehaltes von rohem Ei nicht zu heiß werden dürfen
bardieren	Eine Barde ist eine Speckscheibe. Bardieren bedeutet also ein empfindliches Fleischstück mit einer Speckscheibe umwickeln, damit es von der Ofenhitze nicht ausgetrocknet wird, zum Beispiel Wachtelbrüstchen, Fasan usw.
bavaroise	Crème Bavaroise, Bayerische Creme, eine Grundcreme der Patisserie, bestehend aus Schlagsahne mit warm cremig gerührten Eidottern
beignets	Krapfen. Apfelbeignets zum Beispiel sind Apfelstücke in einen speziellen Backteig getaucht und im Fett schwimmend goldbraun gebacken. Es gibt alle Sorten von Beignets. Auch nichtsüße
beurre	Butter. Zum Beispiel Knoblauchbutter *(beurre d'ail),* Sardellenbutter *(beurre d'anchois),* geschmolzene Butter *(beurre fondu),* Kräuterbutter *(beurre maître d'hôtel),* braune Butter *(beurre noir),* gebräunte goldbraune Butter *(beurre noisette)*
bien cuit	durchgebraten, zum Beispiel ein Steak
bisque	Krebssuppe
blanc d'œuf	Eiweiß
blanc d'œuf fouetté	Eischnee
blanchir	blanchieren, abbrühen, überkochen mit heißem Wasser.
blanquette	weißes Ragout, Art Frikassee
border	umlegen mit Gemüsen
bordure	Rand oder Einfassung einer Platte, zum Beispiel mit gespritztem Kartoffelschnee *(pommes duchesse)*
boudin noir	Blutwurst
bouquet garni	Kräuterbündel zum Aromatisieren von Brühen.
braiser	schmoren, *bœuf braisé* = Schmorbraten
braisière	Schmortopf
brider	mit Küchengarn ein Stück zusammenbinden, damit es beim Garen die gewünschte Form behält

Kleines Lexikon der Küchensprache

brioche	Gebäck aus feinem Brötchenteig
brochettes	Spieße, für Fleisch zum Beispiel
brouiller	vermischen, verrühren. Rühreier = *œufs brouillis*
brunoise	in feinste Würfel schneiden, zum Beispiel Gemüse als Einlage in Suppen
canapé	belegte Weißbrotschnitte, Mundhappen als Imbiß
à la carte	nach eigener Wahl von der Tageskarte im Restaurant. Gegenteil ist *au menu,* also nach vorgeschriebener Speisenfolge
casserolle	Stielkochtopf, Kasserolle
à la Chantilly	nach der Stadt Chantilly bei Paris; bedeutet »mit Schlagsahne«
chapelure	Brösel, Semmelmehl, Weckmehl
chaud-froid	Sulzgerichte, bei dem das flüssige Gelee in eine fertige weiße Sauce gerührt wird, die dadurch erstarrt. Damit werden Speisen dekorativ überzogen. Für Schaustücke
chiffonnade	in feine Streifen geschnittene Blätter vom Kopfsalat, als Bett oder Füllsel bei Vorspeisencocktails, Salaten
chinois	ein Metallsieb in spitz zulaufender Form für Suppen oder Saucen
ciseler	einkerben von Schwarten beim Braten, so daß ein Karomuster entsteht
clarifier	klären, zum Beispiel Butter durch Erhitzen
cloche	Glocke, die man auf warme Speisen stellt, um sie warm zu halten
cochon de lait	Spanferkel
coque	Eierschale. *Œuf à la coque* = in der Schale gekochtes Ei
coquille	Muschelschale, in der kleine Ragouts überbacken werden
cornichons	essigsauer eingelegte kleine Gurken
crème fouettée	Schlagsahne
crêpe	dünner Eierkuchen, der gefüllt wird
crépine	Schweinsnetz, in das Fleischstücke eingewickelt werden, zum Beispiel Bries oder Leber, wenn sie gebacken werden sollen
cru	roh. *Jambon cru* = roher (geräucherter) Schinken
darne	Mittelstück von Lachs *(darne de saumon)* oder Filetbraten *(darne de filet de bœuf)*
dégraisser	entfetten, Fett abschöpfen
déglacer	löschen, im Fett gebratene Speisen mit Wasser oder Brühe versetzen, so daß aus dem Bratvorgang ein Dünstvorgang wird
demi-glace	braune Kraftsauce, Bratensauce
désosser	entbeinen von größeren Fleischstücken oder Geflügel
dos	Rücken
d'uxelles	auch Duxelles geschrieben, feines Pilzgehäck mit Kräutern und Fleischstücken, Art Farce für Braten als Hitzeschild, zum Beispiel bei Filet Wellington zwischen Fleisch und Teigkruste
écumer	abschöpfen
égoutter	abtropfen
émincé	Fleisch in dünnen Scheiben gebraten, mit Sauce serviert. Zum Beispiel Kalbfleisch-Emincé. Ähnlich wie Geschnetzeltes
épépiner	entkernen
épicer	würzen

Kleines Lexikon der Küchensprache

éplucher	abschälen
escalope	Schnitzel
essence	Konzentrat
espagnole	braune Grundsauce, aus gerösteten Kalbsknochen bereitet
étamine	Passiertuch zum Durchseihen von besonders feinen Saucen und Suppen
étuver	dämpfen, zum Beispiel Gemüse
faisandé	Fleisch, besonders Wild, mit Haut-Goût, also »Wildgeschmack« bekommend
farce	Füllsel aus Fleisch oder Fisch
filet	Lende, aber auch Schnitte, Streifen Sauce über einem Stück *(filet de sauce)*
fines herbes	würzende Kräuter, feingewiegt, als Bestandteil zum Beispiel in Remoulade, Farcen usw.
flamber	abflämmen bei Geflügel, absengen
à la florentine	nach Florentiner Art, meist mit Blattspinat als Beilage
foncer	auslegen einer Form mit Teig, zum Beispiel für Pasteten
fond	Grundbrühe, Saft, als Grundsubstanz für Suppen und Saucen. Zum Beispiel Fischbrühe *(fond de poisson)*
frapper	mit Eis kühlen, zum Beispiel Sektflasche, Desserts
friandises	Naschwerk nach dem Essen, zum Mokka
frire	in Fett schwimmend backen, danach auch *friture* als Fett-Backtopf, *pommes frites* = gebackene Kartoffelstäbchen
fumer	räuchern, *fumé* = geräuchert
fumet	Auszug, Essenz, z. B. Wildfumet aus konzentriertem Wildfond mit passiertem Fleisch
garniture	Beilage zu einem Gericht, das es von anderen unterscheidet, zum Beispiel Florentiner Art (mit Blattspinat), *à la princesse* (mit Spargelspitzen)
gaufres	Waffeln
gelatine	Geleematerial
galantine	Rollpastete, zum Beispiel *galantine de volaille* (Huhnpastete)
glace	Eis, Fleischsaft, z. B. *glace de viande* (Fleischbratensaft), *glace framboise* (Himbeereis)
glacer	überglänzen mit Fleischsaft
gonfler	aufquellen
goût	Geschmack
gratiner	überkrusten
gril	Bratrost, Grill
hacher	fein hacken, z. B. Kräuter
hareng vierge	Matjeshering
hors-d'œuvre	Vorspeise
huile	Öl, zum Beispiel *huile d'arachide* (Erdnußöl) *huile d'olive* (Olivenöl)
incorporer	einmischen
jarret	Haxe, zum Beispiel *jarret de veau* (Kalbshaxe)
jaune d'œuf	Eidotter
julienne	in feinste Streifen geschnittene Gemüse als Einlage in Suppen
jus	Saft, zum Beispiel *jus d'orange* (Orangensaft), *jus de veau* (Kalbsbratensaft)
lames	Scheiben, sehr dünn geschnitten, zum Beispiel *lames de truffes* (Trüffelscheiben)
lapereau	junges Wildkaninchen

Kleines Lexikon der Küchensprache

lard fumé	fetter Räucherspeck
lardons	Streifen von Speck zum Spicken
liaison	Mischung aus Eidotter und Sahne, die in Fonds gerührt wird, um diese bei etwa 60–70° leicht zu binden (legieren). Darf nicht kochen!
macérer	beizen, marinieren
marbré	Fleisch mit Fett durchwachsen
marinade	Beize, zum Beispiel für Wildbraten
marmite	Fleischsuppentopf, auch gleichnamiges Suppengericht
masquer	ein Gericht mit einer dicken Sauce überziehen
mélanger	Mischen von Flüssigkeiten oder Teigen
meunier	Müller. Bekannt ist *à la meunière* = Müllerin-Art, zum Beispiel gebratene Forellen
mie de pain	Semmelbrösel
mijoter	sehr langsam, bei kleiner Hitze dünsten, erstes Stadium des Garens
mirepoix	Wurzelgemüse, zum Anrösten bei Saucen oder in Suppen als Gewürz
mortifier	abhängen lassen, zum Beispiel Wild, Fleisch
moule	Muschelform
moules	Muscheln
à la nage	schwimmend, gemeint ist in einer gewürzten Brühe, zum Beispiel Hummer *(homard à la nage)*, eine wertstofferhaltende Zubereitungsart
orner	verzieren
paille	Stroh, zum Beispiel so fein wie Stroh geschnittene Kartoffeln, in Fett gebacken *(pommes paille)*
panaché	vermischt, zum Beispiel *glace panachée* (gemischtes Eis)
paner	panieren
parieren	zurechtstutzen, -schneiden, von den Knochen lösen, bratfertig machen
papillote	Papierhülle, in der Fleischstücke gegart werden
parure	Kleinfleisch, beim Parieren entstanden, werden in Fonds ausgekocht
piquer	spicken
plumer	Rupfen des Geflügels
pocher	pochieren, bei 70° im Wasser langsam garen
poêlieren	in der Pfanne bei geringer Temperatur dünsten, Vorstufe zum Braten
à point	auf den Punkt (genau) gegart, genau richtig
primeur	Frühgemüse, -obst
quenelle	Klößchen, Kloß, zum Beispiel Hechtklöße *(quenelles de brochet)*
râper	reiben, (*fromage râpé* = geriebener Käse)
ravier	Schüssel für Vorspeisen, halbhohe Platte
réchaud	Aufwärmer, Gerät, um Speisen warm zu halten
renverser	stürzen von Puddings, Cremes, Pasteten
rince-bouche	Fingerschale am Tisch
rissoler	rösten
ris	Bries
riz	Reis

rôti	Braten, auch »gebraten«
rôtir	braten
rôtisseur	Bratenkoch
sabayon	Weinschaum, ital. Zabaione
saignant	blutig, zum Beispiel ein Bratenstück, das innen in der Mitte noch blutig-ungar ist
sauter	braten in der Pfanne, zum Beispiel Kartoffeln (*pommes sautés* = Bratkartoffeln)
sautoir	Bratpfanne
tamis	Haarsieb
tiède	lauwarm
torchon	Küchentuch
tourner	Gemüse in eine gefällige Form schneiden
tranche	dicke Scheibe, Schnitte
tremper	einweichen, zum Beispiel Weißbrot für Hackfleisch
vin	Wein
vinaigre	Essig
vinaigrette	Essig-Öl-Sauce für Salate u. a.

Register

Kursiv gesetzte Seitenzahlen verweisen auf Farbbilder.

Register

Register

Register

Pilze suchen und genießen

Worum es ihr geht, hat Rose Marie Dähncke, seit vier Jahren Leiterin der Schwarzwälder Pilzlehrschau in Hornberg (mit eigener Pilzlehrschau, Foto- und Kochstudio), gleich auf der ersten Seite von »Pilzsammlers Kochbuch« gesagt: »Das gesündeste an den Pilzen ist das Suchen, das Wichtigste ihre Zubereitung«. Dies ist das erste Buch, in dem zwei wesentliche Faktoren vereint werden: Pilze-Bestimmungsteil und Rezeptteil (selbstverständlich alles in Farbe). Doch nicht nur dieser Doppelnutzen unterscheidet »Pilzsammlers Kochbuch« von anderen Pilz-Büchern. Rose Marie Dähncke hat alle Pilze nicht am Standort, sondern im Atelier fotografiert und zwar so, daß man sehen kann, wie ein Pilz jung und wie er alt aussieht. Man kann unter die Lamellen schauen, die Hutoberfläche und den Stil erkennen und hat dadurch die besten Vergleichsmöglichkeiten.

Rose Marie Dähncke

Pilzsammlers Kochbuch

Die besten Speisepilze sicher bestimmen und schmackhaft zubereiten.
150 Seiten mit 72 Farbfotos und vielen Zeichnungen.
Farbiger Glanzeinband.

Gräfe und Unzer